AF318856

FACULTÉ DE DROIT DE PARIS

DES

DROITS DU VENDEUR NON PAYÉ

EN DROIT ROMAIN

DU

PRIVILÉGE DU VENDEUR D'IMMEUBLES

EN DROIT FRANÇAIS

THÈSE POUR LE DOCTORAT

PAR

MAURICE BOURGUIN

Né à Château-Thierry (Aisne), le 10 décembre 1856

AVOCAT A LA COUR D'APPEL

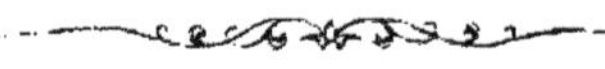

PARIS

IMPRIMERIE DE E. DONNAUD

9, RUE CASSETTE, 9

—

1877

DES DROITS DU VENDEUR NON PAYÉ
EN DROIT ROMAIN

DU PRIVILÈGE DU VENDEUR D'IMMEUBLES
EN DROIT FRANÇAIS

THÈSE POUR LE DOCTORAT

L'ACTE PUBLIC SUR LES MATIÈRES CI-APRÈS SERA SOUTENU

Le mardi 30 octobre 1877, à 2 heures.

PAR

Maurice BOURGUIN

Né à Château-Thierry (Aisne), le 10 décembre 1856

AVOCAT A LA COUR D'APPEL

Président : M. RATAUD, *Professeur.*

Suffragants :
MM. MACHELARD,
VUATRIN,
DUVERGER,
COLMET DE SANTERRE, — *Professeurs.*
GARSONNET, — *Agrégé.*

Le candidat répondra en outre aux questions qui lui seront faites sur les autres matières de l'enseignement.

PARIS

IMPRIMERIE DE E. DONNAUD

9, RUE CASSETTE, 9.

1877

A MA FAMILLE

A MES AMIS

DROIT ROMAIN

Des droits du vendeur non payé.

PRÉLIMINAIRES.

La vente est un contrat si usuel et si essentiellement utile, que de tout temps l'attention des législateurs s'est portée sur elle. Voulant favoriser le développement des relations commerciales, ils ont cherché, pour en répandre l'usage, à l'entourer de garanties destinées à assurer l'exécution des obligations de chacune des parties. A Rome, l'acheteur était protégé de diverses manières par le droit civil et le droit honoraire : ainsi il avait l'action *ex stipulatu duplæ* en cas d'éviction ; il pouvait demander la résolution du contrat ou une diminution de prix si la chose vendue était affectée de vices cachés. Le vendeur, de son côté, n'était pas laissé sans protection : si ses poursuites n'aboutissaient pas au résultat attendu, le payement du prix, il avait, à certaines conditions, divers droits qui le mettaient à l'abri du danger de perdre sa chose sans en recevoir l'équivalent. C'est l'étude détaillée de ces garanties que nous devons aborder.

Et d'abord, il faut rechercher ce que le vendeur peut réclamer à l'acheteur. C'est en premier lieu le payement du prix convenu ; c'est aussi celui des intérêts de la somme principale à compter du jour où la tradition a été faite (L. 13, §§ 19 et 20, Dig., *De act. empt.*, XIX, 1 — Paul, *Sent.*, II, 17, 9). Il est juste en effet que l'acheteur, qui profite des fruits de la chose vendue, soit tenu de payer les intérêts du prix à partir de cette époque.

En troisième lieu, le vendeur peut avoir à demander le remboursement des dépenses qu'il a faites de bonne foi depuis la vente à l'occasion de la chose, dépenses d'entretien, de conservation, etc. (L. 13, § 22, Dig., *De act. empt*, — L. 16, Cod., *De act. empt.*, IV, 49).

S'il a été obligé, depuis la vente, de payer les impôts au sujet de la chose, il s'en fera tenir compte par l'acheteur, qui, profitant des fruits, doit aussi en supporter les charges (L. 13, Cod., *De act. empt.*).

Enfin il pourra réclamer l'exécution des conventions accessoires du contrat de vente, telles que celle par laquelle l'acheteur s'est engagé à entretenir le bail actuellement existant sur l'immeuble vendu, ou à payer les intérêts du prix même avant la tradition.

C'est par l'action *venditi*, action personnelle, de bonne foi, née de la vente, que le vendeur poursuivra le payement de ce qui lui est dû, et l'exécution de toutes les conventions contenues dans le contrat. Il peut l'exercer, si la vente est pure et simple, dès qu'il a livré la chose ou valablement offert de la livrer, quand bien même l'acheteur courrait le danger d'une éviction. En effet, il a promis non pas d'en transférer la propriété, mais seulement d'en procurer la possession paisible et utile ; or la possession qu'il offre de procurer à l'acheteur est paisible et utile tant qu'il n'y a pas trouble ou éviction de la part d'un tiers ; il remplit donc son obligation, et peut dès lors exiger que l'acheteur remplisse la sienne. Mais s'il y avait déjà procès soulevé, *quæstio mota*, par un tiers, au sujet de la chose, l'action du vendeur serait repoussée par une exception, à moins qu'il ne fournît des fidjéusseurs solvables garantissant le payement des dommages-intérêts en cas d'éviction (L. 18, § 1, Dig., *De per. et com. rei vend.*, XVIII, 6) ; sinon, l'acheteur aurait le droit de retenir le prix, parce que, si l'éviction avait lieu, il le compenserait, jusqu'à due concurrence, avec les dommages-intérêts auxquels le vendeur serait condamné.

L'action *venditi* ne peut être exercée avant l'expiration du terme ou l'accomplissement de la condition, s'il y a terme pour le payement du prix ou si la vente est conditionnelle.

Au moyen de son action, le vendeur a le droit de demander en justice l'exécution des obligations de l'acheteur, si celui-ci ne les accomplit pas spontanément. Il obtient ainsi contre son adversaire une condamnation pécuniaire, dont il poursuivra l'exécution par toutes les voies légales. Mais l'acheteur, qui n'a pas payé de son plein gré, est sans doute insolvable, de sorte que les poursuites dirigées contre lui seront infructueuses. C'est alors que se présente la question de savoir si le vendeur, n'ayant pas l'équivalent promis, va néanmoins être privé de la chose qu'il a ven-

due. Dans certaines circonstances, il est sauvegardé de
cette perte. Il a, si l'acheteur ne jouit pas d'un terme,
un droit de rétention qui lui permet de refuser la tradition tant qu'il n'est pas payé, et de conserver ainsi
la propriété de la chose vendue (car en droit romain
la propriété n'est pas transférée, comme dans notre
droit, par l'effet des conventions, mais par celui de
certains modes d'acquérir, comme la tradition). Il
reste même propriétaire après la tradition jusqu'au
payement du prix, pourvu qu'il n'ait pas reçu une
satisfaction quelconque, et qu'il n'ait pas suivi la foi
de l'acheteur. En dehors de ces circonstances, la législation romaine ne lui accorde aucune garantie spéciale ; mais il a pu se faire donner certains droits par
convention expresse. Parmi ces garanties conven-
tionnelles, nous étudierons le droit de gage sur la
chose vendue, et le droit de résolution pour défaut de
payement du prix, qui lui sont accordés de plein droit
par la loi française, et qui, pour cette raison, méritent une attention particulière. Telles sont, en résumé,
les matières que nous allons avoir à traiter séparément.

CHAPITRE PREMIER.

GARANTIES LÉGALES.

Section Ire. — Du droit de rétention.

Dans la vente, les engagements des deux parties
étant réciproques, l'une d'elles ne peut être contrainte
d'accomplir sa propre obligation, si l'autre ne veut

pas exécuter la sienne. Toutefois il en est autrement si le défendeur invoque le bénéfice d'un terme qui lui a été octroyé ; ainsi lorsque le contrat donne à l'acheteur un terme qui n'est pas encore expiré, le vendeur n'a pas le droit de lui refuser la tradition en se fondant sur ce qu'il n'offre pas le payement du prix. Mais lorsque la vente est pure et simple, le vendeur à qui le prix n'est pas offert peut refuser de se dessaisir de la chose, et opposer à l'action *empti* l'exception *non adimpleti contractus* (L. 22, Dig., *De hœr. vel act. vend.*, XVIII, 4 — L. 13, § 8, Dig., *De act. emp.*, XIX, 1), ou l'exception de dol, sans avoir besoin d'ailleurs de les insérer dans la formule, l'action *ex empto* étant de bonne foi.

Il retient la chose vendue *quasi pignus*, disent les textes ; non pas comme un véritable gage, car le vendeur, qui n'a pas encore fait tradition, est resté propriétaire et ne peut avoir un pareil droit sur sa propre chose, mais comme une sorte de gage. Cette expression *quasi pignus* nous explique pourquoi, dans un autre texte (L. 78, § 2, Dig., *De contr. emp.*, XVIII, 1), il est dit que, l'acheteur étant mort, l'action *empti* intentée par l'un de ses héritiers doit être repoussée si celui-ci ne veut payer que sa part dans la dette ; le droit de rétention dont jouit l'acheteur est indivisible comme le droit de gage et peut être exercé pour la totalité de la chose si l'intégralité du prix n'est pas payée. Dans le même ordre d'idées, nous trouvons encore la loi 14, § 1 (Dig., *De furtis*, XLVII, 2), d'après laquelle l'acheteur qui a dérobé au vendeur la *res vendita* avant le payement du prix est tenu de l'action *furti* comme s'il avait soustrait un objet par lui donné en gage.

Le droit de rétention protége efficacement le vendeur, et le met à l'abri de toute chance de perte. La remise de la chose à l'acheteur, même si la propriété devait être conservée jusqu'au payement, présenterait encore des inconvénients et des dangers ; privé de la jouissance, le vendeur devrait, pour la reprendre, si la restitution ne lui était pas faite spontanément, s'adresser à la justice et entamer un procès peut-être long et compliqué ; et s'il avait à se faire payer des indemnités pour les fruits consommés, pour les détériorations ou même la destruction de la chose, il serait exposé à tous les risques de l'insolvabilité de l'acheteur. En refusant de se dessaisir, il évite tous ces inconvénients.

L'intérêt du droit de rétention est encore plus sensible dans le cas où la tradition emporterait translation de propriété, dans le cas, par exemple, où le vendeur aurait reçu un fidéjusseur ; car alors, après avoir fait tradition, il pourrait seulement poursuivre le recouvrement de sa créance par l'action *venditi*, sans avoir le moyen de reprendre sa chose si cette poursuite était infructueuse par suite de l'insolvabilité de l'acheteur.

Quoique donnant une grande sécurité au vendeur, ce droit n'est pas souvent invoqué en pratique ; celui qui achète le fait pour être mis promptement en jouissance, et celui qui vend consent en général, pour conclure une affaire, à opérer la livraison avant d'avoir reçu le prix. Alors se présente l'utilité de la garantie que le vendeur trouve dans le droit de propriété conservé sur la chose vendue et livrée.

Section II. — **Droit de propriété conservé sur la chose vendue et livrée.**

En droit romain, les droits réels ne sont pas trans-férés, comme dans notre droit, par le seul effet des conventions ; l'acheteur ne devient pas propriétaire de la chose vendue par la seule force du contrat de vente ; il n'a qu'une action personnelle, l'action *ex empto*, pour réclamer du vendeur propriétaire la translation de propriété par l'un des modes reconnus par la loi. Ces modes sont la tradition, la mancipation et la *cessio in jure* ; par le premier on acquiert la propriété des *res nec mancipi*, par le second celle des *res mancipi*, et par le troisième celle de toute espèce de choses. Ainsi, lorsque j'ai promis de vous donner (*dare*) mon esclave pour que vous me donniez votre statue en échange, la tradition que vous me faites de la statue m'en rend immédiatement propriétaire. Il semblerait qu'il dût en être de même pour la tradition faite en exécution d'un contrat de vente, et que l'acheteur devînt immédiatement propriétaire par l'effet de ce mode d'acquisition. Cependant la théorie romaine était tout autre dans cette hypothèse ; l'acheteur à qui la chose vendue avait été livrée n'en devenait propriétaire que lorsqu'il payait le prix ; jusque-là, le vendeur conservait son droit de propriété (Inst. II, 1, § 41. — LL. 19 et 53, Dig., *De cont. emp.*, XVIII, 1 — L. 5, § 18, Dig., *De tribut. act.*, XIV, 4).

Quant à la mancipation et à la *cessio in jure* de la chose vendue, elles devaient en transférer la propriété quoique le prix ne fût pas payé ; c'étaient des actes

qui auraient été sans signification s'ils n'avaient pas.
eu cet effet, tandis que la tradition, quand elle ne ren-
dait pas l'*accipiens* propriétaire, avait au moins pour
résultat de le mettre en possession. La mancipation et
la *cessio in jure* ne peuvent se concevoir que comme
des actes translatifs de droits réels ou comme des
actes nuls et sans portée ; or rien n'autorise à dire
que le vendeur non payé fasse un acte nul en manci-
pant ou cédant *in jure* la chose vendue. Le mécanisme
même de ces opérations s'oppose à ce qu'on puisse
supposer chez le vendeur qui les accomplit l'intention
de rester propriétaire ; en effet, dans chacune d'elles,
l'acquéreur prononce ces paroles : *hunc ego hominem
ex jure Quiritium meum esse aio* ; et l'aliénateur, par
son silence, reconnaît le *dominium* de l'autre partie.
Enfin il faut ajouter qu'aucun texte n'étend à ces modes d'acquisition la disposition exceptionnelle que
nous avons rencontrée pour la tradition. La mancipation et la *cessio in jure* transféraient donc la propriété de la chose vendue malgré le défaut de payement de prix.

Ainsi le vendeur pouvait refuser de livrer sa chose
tant que l'acheteur n'exécutait pas son obligation,
et s'il la livrait, il en conservait la propriété jusqu'à
ce que cette obligation fût accomplie. La tradition
qu'il en faisait était conditionnelle ; le transport de
la propriété était soumis à la condition tacite du
payement du prix. On interprétait ainsi l'intention
des parties ; on présumait que le vendeur, ne s'étant
engagé à transférer ses droits sur la chose qu'en vue
de la somme promise, ne voulait pas les abandonner
avant d'avoir touché le prix.

La même idée aurait dû être admise pour les conventions dans lesquelles l'une des parties s'oblige à transférer ses droits sur une chose moyennant un équivalent quelconque, par exemple pour les contrats *do ut des*, *do ut facias*, ou pour la société dans laquelle l'un des associés promet de *dare* un objet dont il est propriétaire afin de prendre part aux bénéfices ; par interprétation de la volonté des parties, on aurait pu, là aussi, ne considérer la propriété comme transférée par la tradition que du jour de l'exécution de l'obligation contractée en retour par l'autre partie. Mais les Romains n'ont jamais étendu l'exception que nous avons indiquée — qui était déjà consacrée, au dire de Justinien, par la loi des XII Tables — et qui est restée spéciale au cas de tradition de la chose vendue.

On explique cette disposition de la manière suivante. La mancipation était une opération dans laquelle il fallait, pour qu'elle fût accomplie, et par conséquent pour qu'elle transférât la propriété, qu'un lingot de métal eût été pesé et donné à l'aliénateur par l'acquéreur. Cette opération — qui a été peut-être à l'origine une vente réelle, au comptant — était donc un mode d'acquisition sous la forme d'une vente fictive ; pour que la propriété de la chose fût transmise, il fallait la remise du prix (le lingot de métal) au vendeur (l'aliénateur) par l'acheteur (l'acquéreur). Par une assimilation facile à saisir, les Romains établirent aussi, à propos de la vente à crédit (*emptio venditio*), que l'acheteur ne pourrait devenir propriétaire sans payer le prix.

On peut dire encore que la nécessité de protéger

celui qui donne sa chose pour en obtenir un équivalent se présente surtout dans la vente. C'est en effet le
contrat le plus usuel, le plus favorable au développement du commerce, et par conséquent celui qui intéresse le plus la propriété de l'État ; il est naturel que
les Romains aient songé à protéger plus particulièrement le vendeur, en établissant qu'il conserverait la
propriété de sa chose après la tradition.

Cette disposition étant interprétative de la volonté
des parties, doit céder devant une manifestation de
volonté contraire. Il en est ainsi dans les deux circonstances suivantes, qui sont considérées comme
équivalant au payement : 1° Le vendeur a reçu une
satisfaction quelconque, comme un gage, un *expro-
missor*, un fidéjusseur ; il est considéré comme ayant
fait crédit à l'acheteur ; dès lors il perd la propriété
de sa chose quand il la livre à ce dernier. 2° Il a simplement suivi la foi de l'acheteur, sans avoir même
reçu de lui une sûreté quelconque ; ainsi il lui a
prouvé sa confiance en lui accordant un terme. —
Dans ces hypothèses la chose vendue et livrée est
immédiatement acquise à l'acheteur, et le vendeur
n'a plus que son action personnelle *ex vendito* (LL. 19
et 53, Dig., *De cont. emp.*, XVIII, 1).

Supposons d'abord que le vendeur n'a ni suivi la
foi de l'acheteur, ni reçu aucune sûreté spéciale de
payement, et que, n'ayant pas usé de son droit de
rétention, il a fait tradition sans recevoir le prix ; restant propriétaire jusqu'au payement, il peut, s'il se
repent d'avoir fait la livraison, s'il s'aperçoit qu'il
risque de n'être jamais payé, exercer l'action en revendication, qui lui permet de reprendre sa chose à

l'encontre de tous. En effet, le double droit de préférence et de suite est attaché au droit de propriété
comme à tout autre droit réel ; le vendeur, resté propriétaire, peut donc revendiquer à l'encontre des
créanciers envoyés en possession des biens de l'acheteur insolvable, sans être obligé de venir à contribution avec eux, comme il devrait le faire s'il était simplement créancier de la restitution. Il peut aussi
poursuivre sa chose entre les mains d'un nouvel acquéreur à qui, par exemple, l'acheteur l'a vendue et
livrée (L. 9, Dig. *De rei vind.*, VI, 1); il n'a donc rien
à craindre des aliénations faites par l'acheteur. Si ce
dernier est encore nanti, et s'il oppose à la revendication l'exception *rei venditæ et traditæ*, le vendeur
triomphera de cette résistance en faisant insérer dans
la formule de l'action la réplique de dol ; car il y a dol
de la part de l'acheteur à vouloir garder la chose
sans payer le prix, malgré les réclamations du vendeur (L. 1, § 5, Dig., *De exc. rei vend.*, XXI, 3).

Par la revendication, celui-ci demande la restitution ; le juge, reconnaissant le bien fondé de sa
prétention, ordonne au défendeur de restituer, le me-
naçant de le condamner à payer une certaine somme
fixée par le demandeur s'il n'obéit pas à cet ordre. Ici
se place la question de savoir si ce *jussus* préalable
donné par le juge peut être exécuté *manu militari*, et
si le demandeur a le moyen de recouvrer sa chose
malgré la résistance du défendeur. La question ne
rentre pas dans le sujet de ce travail ; cependant,
comme elle y touche indirectement, il est bon de la
signaler et d'en dire quelques mots. Il est certain
qu'il y a des cas où le demandeur, au lieu de la chose

même, obtient contre le défendeur une condamnation pécuniaire, dont le montant est apprécié, suivant les cas, par lui-même sous serment ou par le juge ; il en est ainsi quand il aime mieux se faire allouer une somme d'argent que poursuivre la restitution en nature, ou bien quand cette restitution est impossible parce que le défendeur ne possède plus, par son dol ou par sa faute. En dehors de ces cas, il est également certain que ce dernier, sous la menace d'une condamnation très-élevée, puisqu'elle doit être alors fixée par le demandeur, obéira le plus souvent au *jussus* du juge. Mais s'il résiste, c'est alors que se pose la question de savoir s'il peut être contraint *manu militari* de faire la restitution. La loi 68 (Dig., *De rei vind.*, VI, 1), d'Ulpien, paraît décisive en faveur de l'affirmative : « qui restituere jussus judici non paret, contendens non posse restituere, siquidem habeat rem, manu militari, officio judicis ab eo possessio transfertur...... » Cependant on prétend que les mots *manu militari* ont été interpolés dans cette loi, parce qu'on ne retrouve dans aucun autre texte une trace certaine de cette contrainte par les agents de la puissance publique. Il faut avouer en effet que les textes invoqués en général en faveur de l'affirmative sont peu concluants. Il est vrai que le même Ulpien parle dans la loi 3, *pr.* (Dig., *Ne vis fiat ei*, XLIII, 4) de l'exécution *per manum militarem* d'une mesure ordonnée par le magistrat à propos d'un envoi en possession ; mais ce n'est pas là notre hypothèse. Ailleurs, (L. 9, Dig., *De rei vind.*), ce jurisconsulte dit du défendeur à la revendication qui a succombé : *Necesse habebit possessor restituere* ; Cicéron (*In Verrem*, II, 12),

et Paul (L. 58, Dig., *De rei vind.*) considèrent le juge
comme pouvant *cogere possessorem, ut fundum, ser-
vum, traderet*; mais ils n'ont peut-être entendu parler que de la contrainte indirecte résultant de la
menace d'une condamnation pécuniaire. A part ces
quelques passages d'une signification incertaine, une
raison me paraît décisive en faveur de ce système :
d'après la loi 46 (Dig., *De rei vind.*), le défendeur à
la revendication qui est condamné à payer le montant
de l'estimation faite par le demandeur et qui garde la
chose en devient propriétaire, parce que le demandeur est considéré comme ayant, par une sorte de
transaction, abandonné son droit moyennant un prix
fixé par lui. Il est évident que dans cette hypothèse le
demandeur aurait pu obtenir la restitution malgré la
résistance du défendeur, sinon, n'ayant pas été libre
de reprendre sa chose, il n'aurait pas fait une *transaction*, comme dit le texte, en la laissant au défendeur ;
l'acte intervenu entre deux parties, que l'une d'elles
n'avait pas la faculté de ne pas faire, n'est pas une
convention et ne peut par conséquent être considéré
comme une transaction.

Cette théorie trouve une nouvelle force quand on
l'applique à la revendication du vendeur non payé,
parce que la doctrine contraire conduirait à des ré-
sultats inadmissibles. En effet l'acheteur, défendeur
à la revendication, pourrait, dans ce système, se laisser
condamner à une somme d'argent et conserver la
chose ; de sorte que le vendeur, au lieu d'être à l'abri
de la perte par suite de son droit de propriété, se
verrait exposé à tous les risques de l'insolvabilité de
son adversaire, sans pouvoir recouvrer son bien. Il

resterait propriétaire après la tradition, mais dès qu'il voudrait user de son droit, l'acheteur pourrait l'en dépouiller et le laisser sans aucune garantie. C'est là un résultat impossible à admettre, qui condamne l'opinion d'après laquelle le *jussus* du juge ne peut être exécuté au besoin par la force.

En résumé, je pense que le demandeur, c'est-à-dire le vendeur resté propriétaire, dans notre hypothèse, peut à son choix reprendre la chose elle-même malgré la résistance du détenteur, acheteur ou autre, ou faire condamner celui-ci à lui en payer l'estimation ; que si le défendeur ne possède plus, par son dol ou par sa faute, il peut seulement prendre le dernier parti, ce qui ne l'empêche pas, s'il y a eu dol du défendeur, d'agir en revendication contre le possesseur.

Par cette action, le vendeur se fait encore tenir compte des fruits produits par la chose, et des détériorations qu'elle a subies autrement que par cas fortuit, avec des distinctions suivant que le défendeur est un possesseur de bonne ou de mauvaise foi (LL. 13 et 33, Dig., *De rei vind.*).

Dans la revendication, le demandeur doit, pour réussir, démontrer qu'il est propriétaire ; il serait donc obligé de prouver le droit de tous ses auteurs, sans le secours d'une institution juridique, l'usucapion, qui lui permet de faire une preuve plus simple : il a seulement à établir qu'il a possédé pendant le temps requis pour l'usucapion, avec une *justa causa*, c'est-à-dire avec une cause légitime d'acquisition, comme un achat, une donation, etc. ; car, même s'il ne tenait pas son droit de son auteur, il serait devenu propriétaire par l'effet de l'usucapion, en réunissant toutes ces conditions (avec la bonne foi qui se présume). Si la preuve lui en paraît trop difficile, ou si elle lui est même impossible, il a le droit, au lieu d'agir en revendication, d'exercer l'action Publicienne, par laquelle il peut arriver au même résultat en établissant seulement qu'il a eu une *justa causa possessionis*. En effet, la Publicienne est donnée à celui qui, étant ou ayant été *in causa usucapiendi*, veut reprendre la chose qu'il n'a plus entre les mains ; dans cette action, le demandeur a donc seulement à justifier d'une possession *ad usucapionem*, c'est-à-dire d'une possession avec juste cause, la bonne foi se présumant. C'est ce qui explique pourquoi le propriétaire, qui a également le droit de l'exercer, la préférera le plus souvent à la revendication ; par là il sera dispensé de prouver qu'il a possédé pendant le temps requis pour l'usucapion.

Le vendeur peut donc intenter la Publicienne contre l'acheteur qui ne paie pas ; par elle, comme par la revendication, il parviendra à reprendre la chose qu'il a livrée. S'il a vendu une *res aliena* qu'il était en train d'usucaper, c'est la seule voie qui lui soit ouverte ; s'il a vendu une *res sua*, il trouve dans cette action l'avantage d'avoir à faire une preuve plus simple que dans la revendication.

L'exception *rei venditæ et traditæ* par laquelle l'acheteur voudrait repousser la Publicienne ne réussirait pas, car elle tomberait elle-même devant la réplique de dol opposée par le demandeur.

Nous venons de voir que le vendeur non payé peut

réclamer à l'acheteur la *res vendita et tradita* au moyen de la revendication et de la Publicienne. Mais peut-il recourir simplement à la voie des actions possessoires, des interdits? Les interdits sont donnés à celui qui, par lui-même ou par un autre, possède avec l'*animus domini*, avec l'intention de se comporter en propriétaire, à la différence du locataire, du commodataire, etc., qui détiennent simplement pour le compte d'autrui. Peu importe qu'il soit ou non propriétaire, qu'il puisse ou non usucaper; il est toujours en droit de faire respecter sa possession par les interdits, pourvu qu'il ne possède *nec vi, nec clam, nec precario* à l'égard de son adversaire. Cela posé, nous pouvons nous demander si l'acheteur non payé a le droit d'employer les interdits contre l'acheteur pour demander la restitution.

Mais avant d'aborder cette question, nous devons en étudier une autre plus générale, qui est celle-ci : quelle est la nature de la possession de l'acheteur qui n'a pas payé, quand la tradition qui lui a été faite a été affectée de la condition tacite du payement du prix, et n'a pu par suite le rendre propriétaire, même si le vendeur l'était lui-même? Est-ce une véritable possession, donnant droit aux interdits ; ou n'est-ce qu'une simple détention de la chose, comme celle d'un locataire ou d'un dépositaire? Si l'on adopte la première opinion, on doit reconnaître que le vendeur, qui ne possède plus, n'a plus les interdits à l'égard de personne. Que si, au contraire, on suit la seconde opinion, l'on doit admettre que le vendeur, possédant encore, par l'intermédiaire de l'acheteur, a conservé le droit de les employer à l'encontre des *tiers*, et l'on peut soutenir qu'il est fondé à s'en servir même contre l'*acheteur*.

Cette question, pour la discussion de laquelle on ne trouve qu'un très-petit nombre de textes, divise les interprètes les plus autorisés (voy. Pellat, *De la propriété en droit romain*, p. 522 et s. ; MM. Machelard, *Des Interdits*, p. 266 ; Bufnoir, *Théorie de la condition en droit romain*, p. 390 et s.). Aussi l'hésitation est-elle permise en pareille matière. Pour moi, je suis disposé à croire que l'acheteur, avant d'avoir payé, est un simple détenteur qui possède *naturaliter* — comme on le dit quelquefois — pour le compte du vendeur. En effet ce dernier, qui a fait tradition sans avoir reçu le prix, n'a pas abdiqué l'*animus domini*; car la tradition non accompagnée de payement ne transfère pas le *dominium* de la chose vendue ; quant à l'acheteur, il ne peut avoir l'intention de se comporter en véritable propriétaire que s'il croit l'être devenu, commettant ainsi une grossière erreur de droit qui ne peut servir de fondement à la possession *ad interdicta*, ou que s'il veut usurper la propriété du vendeur avant de l'avoir payé, ce qu'on ne doit pas supposer. Sachant n'être pas propriétaire, il n'a donc pas l'*animus domini*, sans lequel la possession *ad interdicta* ne peut exister ; il est simplement l'instrument de la possession du vendeur, qui a toujours les interdits.

Cependant on trouve au titre *De publicianâ in rem actione* (Dig., VI, 2) un fragment de Gaius qui semble contraire à cette manière de voir : c'est la loi 8, qui vient après un fragment d'Ulpien, dans lequel ce jurisconsulte pose en principe que l'acheteur ne peut usucaper, ni par conséquent exercer la Publicienne, s'il n'a pas été de bonne foi et au moment de la vente, et à celui de la tradition. Puis, dans la loi suivante, Gaius se demande s'il ne faut pas en outre que l'acheteur ait payé le prix ; or il semble admettre que cela n'est pas nécessaire, parce que l'édit du préteur, qui a institué la Publicienne, n'en fait pas mention ; d'où l'on pouvait conjecturer, dit-il, que la condition du payement du prix n'était pas exigée par le préteur pour que l'acheteur pût intenter la Publicienne : *De pretio vero soluto nihil exprimitur : Undè potest conjectura capi : quasi nec sententia Prætoris ea sit, ut requiratur, an solutum sit pretium.* Ainsi, peut-on dire, Gaius pensait que l'acheteur, ayant reçu tradition sans avoir payé le prix, pouvait être *in causâ usucapiendi* — puisqu'il avait la Publicienne ; — c'est donc qu'à son avis il avait la possession avec l'*animus domini ;* on doit en conclure que c'était l'acheteur, et non le vendeur, qui avait les interdits.

Je ne crois pas que ce soit là une interprétation exacte de l'idée du jurisconsulte : *unde potest conjectura capi,* dit-il : *on peut conjecturer ;* mais quant à lui, il n'avance aucune opinion. D'ailleurs, s'il avait admis cette doctrine, il aurait été en contradiction avec les autres jurisconsultes. Ulpien, dans les lois 72 (Dig., *De rei vind.,* VI, 1) et 4, § 32 (Dig., *De dol. mal. et met. excep.,* XLIV, 4), et Pomponius, dans la loi 2 (Dig., *De except. rei vend. et trad.,* XXI. 3), parlent d'un acheteur qui exerce la Publicienne après avoir payé son prix ; ils semblent ainsi indiquer le payement comme une condition nécessaire de l'exercice de l'action. Il paraît en effet impossible d'admettre, même en reconnaissant à l'acheteur la possession *animo domini*, qu'il usucape avant d'avoir exécuté son obligation ; jusquelà, il ne peut croire avoir fait ce qu'il faut pour devenir propriétaire ; or, d'après Gaius lui-même (L. 13, § 1, Dig., *De publ. in rem act.*), on ne peut usucaper que si l'on croit l'être devenu. La *justa causa* même lui fait défaut : car « le contrat qui motive la tradition ne constitue une *justa causa* qu'en tant qu'il révèle l'intention commune des parties d'opérer, par le moyen de la tradition, le transport de la propriété » (M. Bufnoir) ; or, ici, la vente ne révèle pas cette intention tant qu'il n'y a pas payement du prix. Une tradition conditionnelle, comme celle qui est faite à l'acheteur par le vendeur non payé, ne met pas le premier *in causâ usucapiendi* : la *justa causa* n'existe pas. On ne peut donc pas se fonder sur la loi 8 (Dig., *De publ. in rem act.*) pour dire que l'acheteur a la possession *ad usucapionem* et les interdits ; les principes s'y opposent, et le texte lui-même n'est nullement significatif.

Dira-t-on que, dans l'intention des parties, l'acheteur doit avoir la possession et les interdits ? Mais comment justifiera-t-on cette prétendue volonté des parties ? Il me semble au contraire que le vendeur, ayant livré la chose sous condition (tacite), a voulu retenir tous ses droits sur elle, et que la condition qui affecte la translation de propriété affecte aussi la transmission de la possession. D'ailleurs je ne comprendrais pas que le propriétaire — ou le possesseur — pût ainsi, tout en conservant l'*animus domini*, transmettre la possession *ad interdicta* à une personne qui n'a pas l'intention de se comporter en propriétaire ; car il faut, je le répète, avoir cette intention pour avoir les interdits. Mais dira-t-on, si l'*accipiens* n'a pas l'*animus domini*, il a au moins, comme le créancier gagiste et le précariste, l'*animus possidendi* qui suffit pour la possession *ad interdicta*. C'est là ce que je conteste : j'avoue ne pas bien saisir la notion de cet *animus possidendi* distinct de l'*animus domini*. Qu'est-ce que la possession ? C'est l'exercice du droit de propriété ; il se peut que le possesseur soit un autre que le propriétaire, mais il n'en est pas moins vrai que ce possesseur doit avoir l'intention de se comporter en maître, sinon il ne posséderait pas, car il n'exercerait pas le droit de propriété. La possession ne peut donc exister que pour celui qui a l'*animus domini* ; quand on a l'*animus possidendi*, c'est-à-dire l'intention de se comporter en possesseur, c'est qu'on a l'*animus domini ;* et les textes qui emploient la première expression l'entendent en ce sens (L. 3, § 3, Dig., *De acq. vel am. poss.*, XLI, 2; L. 41, Dig., *De reb. cred.*. XII, 1). Il est vrai que le précariste et le créancier gagiste (1), qui n'ont certainement pas l'*animus domini*, ont néanmoins les interdits ; mais ce sont là des dérogations au droit commun, qui ont été introduites pour des raisons d'utilité, et qu'il ne faut pas chercher à justifier en reconnaissant aux détenteurs ainsi favorisés un *animus possidendi* distinct de l'*animus domini*. Ce sont des cas prévus expressément par les textes, précisément à

____

(1) Il faut ajouter aussi le séquestre, à qui deux parties peuvent remettre la *possession* d'une chose litigieuse. Le séquestre possède même *ad usucapionem*, sans avoir l'*animus domini*, mais sa possession profite finalement à la partie qui triomphe dans le procès (L. 17, § 1, Dig., *Dep.*, XVI, 3. — L. 39, Dig., *De acq. vel am. pos.*, XLI, 2).

cause de leur caractère exceptionnel ; mais nous ne trouvons pas un seul texte qui permette d'introduire une nouvelle dérogation aux principes. Pour conclure, je pense que l'acheteur, n'ayant pas l'*animus domini*, n'a pas la possession ni les interdits, mais que c'est le vendeur qui les a, parce qu'il possède par l'entremise du premier.

Cette doctrine une fois admise, une autre question se présente; le vendeur, qui a les interdits à l'égard des *tiers*, les a-t-il aussi contre l'*acheteur* qui, sans payer, voudrait néanmoins se maintenir *in possessione?* Peut-il, au moyen des interdits *uti possidetis* et *utrubi*, faire cesser le trouble que l'acheteur apporte à sa possession en détenant la chose, et le contraindre à délaisser ? On conçoit combien ils lui seraient utiles s'il avait vendu une chose dont il n'était pas propriétaire et qu'il ne pouvait usucaper parce qu'il était de mauvaise foi ou qu'il n'avait pas de *justa causa possessionis;* car il n'aurait alors ni la ressource de la revendication, ni celle de la Publicienne. En tout cas, ils présenteraient pour lui cet intérêt qu'il aurait, grâce à eux, le moyen de reprendre la chose vendue sans avoir à prouver sa propriété ni même une *justa causa possessionis;* il lui suffirait de montrer qu'il a la possession *ad interdicta,* c'est-à-dire le *corpus* — par l'entremise de l'acheteur, — et l'*animus domini.*

Mais je ne pense pas qu'il puisse employer les interdits *uti possidetis* et *utrubi* contre celui qui est justement l'instrument de sa possession. Ces interdits me paraissent ne devoir être donnés que contre ceux qui élèvent des prétentions à la possession; or l'acheteur qui entend garder la *res vendita et tradita* sans acquitter sa dette ne conteste pas, nous le supposons, la possession du vendeur : il reconnaît n'être qu'un simple détenteur ; mais il veut rester *in possessione*. Il me semble impossible d'admettre que dans cette situation le vendeur puisse employer contre lui l'interdit *uti possidetis*. En effet, il est fort probable que cet interdit a été primitivement institué par le préteur pour permettre de déterminer la position des parties dans un procès en revendication, et d'assigner préalablement à chacune d'elles, par le règlement d'un débat sur la *possession*, le rôle de demandeur ou de défendeur. C'est avec cette destination que les textes nous le présentent (Gaius, IV, 148. — Inst. IV, 15, § 4. — L. 1, § 3, Dig., *Uti possid.*, XLIII, 17), et c'est sans doute la seule qu'il dut avoir à l'origine. Plus tard il reçut des extensions dans ses applications; ainsi il a été employé pour empêcher les atteintes à la possession, sans qu'il y eût aucune question à trancher sur la position des parties dans un procès en revendication. Mais même après avoir atteint son complet développement, il n'a jamais été donné, à raison de sa destination primitive et principale, que pour régler des contestations relatives à la possession.

D'ailleurs les termes mêmes de cet interdit doivent lever toute espèce de doute : « Uti eas ædes, quibus de agitur, nec vi, nec clam, nec precario, alter ab altero possidetis ; quominus ita possideatis, vim fieri veto... » (L. 1, pr., Dig., *Uti possid.*). Le préteur s'adresse aux deux parties pour défendre que la possession de l'une ou de l'autre soit troublée, selon que le juge reconnaîtra la possession chez l'une ou chez l'autre ; c'est donc que toutes deux elles prétendent

à la possession. On ne concevrait pas que le préteur dé-
livrât cet interdit à un bailleur, par exemple, pour lui
permettre d'expulser son locataire qui voudrait rester
en jouissance après l'expiration du bail, sans cependant prétendre à autre chose qu'à la détention ; car
en disant *quominus ita possideatis. vim fieri veto*, le
préteur s'adresserait aussi bien au bailleur qu'au
locataire, et laisserait entendre ainsi que ce dernier
est peut-être possesseur, ou du moins qu'il prétend à·
cette qualité. Les termes mêmes de l'interdit suppo-
sent pendante la question de possession; il est donc
inadmissible qu'il soit donné au vendeur non payé,
pour reprendre sa chose, quand l'acheteur avoue
qu'il est un simple détenteur.

On oppose la loi 3, § 3 (Dig., *Uti possid.*) qui est
ainsi conçue : « Cum inquilinus dominum ædes refi-
cere volentem prohiberet, æque competere interdictum Uti possidetis placuit : testarique dominum non
prohibere inquilinum ne habitaret, sed ne possideret. » Il s'agit d'un locataire qui voudrait empêcher
son bailleur de faire des réparations : Ulpien, l'auteur de ce fragment, donne au propriétaire l'interdit
Uti possidetis, et cependant un locataire est un simple
détenteur qui n'a pas l'*animus domini* et qui reconnaît
la possession du bailleur. Néanmoins ce texte, qui
paraît contraire au système que j'ai adopté, n'est
aucunement probant : la fin montre bien que cet
inquilinus dont il est question prétendait avoir véritablement la possession, et s'opposait aux réparations
parce qu'il se considérait non pas comme locataire,
mais comme possesseur à l'encontre du propriétaire.
En effet, d'après la loi 3, § 3 elle-même, le proprié-

taire voulait empêcher ce preneur non pas d'habiter comme il en avait le droit, mais de s'ériger en possesseur : *testarique dominum non prohibere inquilinum ne habitaret, sed ne possideret.* C'est donc qu'il y avait débat sur la possession ; dès lors l'emploi de l'interdit *Uti possidetis* s'explique. (Bélime, *Du Droit de possession,* n° 326 ; — M. Machelard, *Des interdits,* p. 220 et s. ; — de Savigny, *Traité de la possession,* n° 37.)

Pour l'interdit *Utrubi,* la loi 1, § 1 (Dig., *De utrubi,* XLIII, 31), me paraît bien exiger aussi qu'il y ait débat sur la possession : « Hoc interdictum de *possessione* rerum mobilium locum habet, sed obtinuit, vim ejus exæquatam fuisse Uti possidetis interdicto, quod de rerum soli competit : ut is et in hoc interdicto vincat, qui nec vi, nec clam, nec precario, dum super hoc ab adversario inquietatur, possessionem habet. » La solution donnée à propos de l'interdit *Uti possidetis,* relatif aux immeubles, doit l'être aussi à propos de l'interdit *Utrubi,* relatif aux meubles, qui est assimilé au premier.

En résumé, le vendeur qui a fait tradition et qui n'est pas payé peut, à mon avis, user des interdits contre les tiers, mais non contre l'acheteur, sauf si celui-ci, loin de se reconnaître simple détenteur pour le compte du vendeur, élève des prétentions à la possession.

Au lieu de livrer simplement la chose à l'acheteur, le vendeur peut, s'il le préfère, la lui concéder à bail ou en précaire. Lorsqu'il y a bail, l'acheteur, qui est en même temps locataire, est tenu de payer le loyer convenu ; mais ce loyer ne peut être dû que pour le temps écoulé entre la tradition et le payement du prix (L. 21, Dig., *Loc. cond.*, XIX, 2). Quant au vendeur, il n'est pas obligé comme bailleur ; ainsi il n'est pas tenu de livrer la chose en bon état, ni de l'entretenir pendant la durée du bail (L. 20, § 2, *eod. tit.*). Ce n'est donc pas là un véritable louage, puisque les obligations ne sont pas réciproques : c'est une con vention que les Romains ont assimilée à ce contrat, pour donner au vendeur qui l'a conclue l'action *locati*, par laquelle il peut poursuivre le payement de la *merces*, la réparation du dommage causé, s'il y a lieu, et la restitution de sa chose s'il n'est pas payé du prix de vente. En effet, dans le louage, le locataire est obligé, par le contrat même, de rendre la chose quand finit le bail ; c'est l'action *locati* qui est donnée au bailleur pour obtenir l'exécution de cette obligation comme de toutes les autres qui incombent au locataire. Ici le bail doit durer, nous le supposons, *donec pecunia omnis persolveretur* ; mais le vendeur a le droit, à moins de clause contraire, de le faire cesser quand il le veut, s'il n'est pas payé, et de recouvrer sa chose par l'action *locati*, qui sanctionne les obligations de l'acheteur comme locataire, et en particulier celle de restituer sur la réquisition du vendeur, en cas de non-payement du *pretium*.

Cette action, qui est personnelle, ne peut atteindre que le locataire lui-même, seul obligé, tandis que la revendication, action réelle, peut être intentée contre tout détenteur. Comme elle n'est pas arbitraire, le juge n'y donne pas au défendeur qui succombe l'ordre de restituer ; et si le locataire ne rend pas la chose spontanément pour éviter une condamnation, il ne peut y être contraint *manu militari*. Le demandeur le fait alors condamner à des dommages-intérêts, mais il ne reprend pas la chose elle-même. On voit donc que le vendeur qui a donné à bail la *res vendita* à l'acheteur n'a qu'un intérêt médiocre à exercer contre lui l'action *locati* pour demander la restitution, puisque ce dernier est insolvable par hypothèse; il peut seulement espérer que son adversaire restituera sous la menace d'une condamnation pécuniaire. Il est vrai qu'il arriverait au même résultat par la revendication, et que même il pourrait employer la force publique pour parvenir à son but; néanmoins il trouve avantage à exercer l'action *locati* s'il lui est impossible de prouver sa propriété; car dans cette action il n'a qu'une chose à établir, l'existence du bail. C'est pour cette raison qu'il doit aussi la préférer à la Publicienne, s'il ne veut ou ne peut pas prouver qu'il a une *justa causa possessionis*.

En résumé, l'action *locati* permet au vendeur de demander l'exécution de la convention accessoire de louage, et par suite la restitution de la chose, sans avoir à faire une preuve compliquée comme dans les actions réelles.

Lorsque la chose vendue est donnée en précaire à l'acheteur, la possession se décompose; le vendeur possède *ad usucapionem* — s'il y a lieu, — et l'acheteur *ad interdicta*, sauf vis-à-vis du premier. Il a donc les interdits contre tous ceux qui viennent troubler sa possession, sauf si c'est le vendeur (L. 17, Dig., *De precario*, XLIII, 26); en effet le concessionnaire en précaire ne possède pas à l'égard du concédant. Ce dernier peut révoquer la concession quand il le veut; il a, pour reprendre sa chose, l'interdit *de precario* contre le précariste et même contre ses héritiers (L. 8, § 8, Dig., *De prec.*); il a en outre une action proprement dite, personnelle, qui est, selon Ulpien (L. 2, § 2, Dig., *eod. tit.*), l'action de bonne foi *præscriptis verbis*, et selon Julien (L. 19, § 2, Dig., *eod. tit.*), la *condictio incerti*. Le vendeur qui a donné la *res vendita* en précaire à l'acheteur peut donc la reprendre quand il lui plaît (L. 20, Dig., *eod. tit.*). Grâce à l'interdit *de precario* et à l'action personnelle, il a le moyen de rentrer en possession en prouvant simplement l'existence de la concession en précaire. On conçoit les avantages que présentent ces voies de restitution, à ce point de vue, sur la revendication et la Publicienne.

Le vendeur non payé, restant propriétaire et possesseur, peut donc se faire rendre la chose vendue et livrée à l'acheteur. Mais la restitution qui lui en est faite n'opère pas la résolution du contrat de vente, qui subsiste toujours et que chacune des deux parties a le droit d'invoquer. Le vendeur, recouvrant sa chose, n'éprouve aucune perte, mais aussi il ne fait aucun gain ; or il se peut que le contrat lui soit avantageux ; dans ce cas, il a intérêt à le faire valoir, et comme la vente n'est pas résolue, il a toujours la faculté, à un moment donné, si l'acheteur est revenu à meilleure fortune, de réclamer le prix par l'action *venditi* en offrant de faire la tradition. Mais d'un autre côté l'acheteur, devenu solvable, peut aussi se prévaloir du contrat, et, prenant les devants, réclamer la chose en offrant de payer le prix. Le vendeur reste ainsi perpétuellement lié par une convention dont

il ne profitera peut-être jamais, si l'acheteur reste insolvable. Il faut donc qu'il garde toujours la chose
entre ses mains, sans l'aliéner ni la grever de droits
réels, car s'il en disposait il s'exposerait à un recours
en dommages-intérêts de la part de l'acheteur qui viendrait réclamer l'exécution du contrat en remplissant
lui-même ses obligations. C'est là une situation très-
fâcheuse pour lui : il ne peut l'éviter qu'au moyen
d'une clause appelée *lex commissoria*, qui lui permet de
résoudre la vente s'il n'est pas payé, et de se dégager
d'un contrat qui le lie sans qu'il puisse peut-être jamais l'invoquer utilement. Mais les Romains, nous le
verrons, ne lui ont jamais donné le droit de résolution
à défaut de clause expresse.

Nous savons que le vendeur reste propriétaire après
la tradition, à moins qu'il n'ait reçu une sûreté spéciale, ou qu'il n'ait suivi la foi de l'acheteur. Prati-
quement, dans une vente de quelque importance,
celui-ci se fait en général donner un ou plusieurs termes, pour pouvoir se procurer l'argent nécessaire.
Mais en lui accordant un terme le vendeur lui fait
crédit, suit sa foi, de sorte qu'il doit perdre la propriété en faisant la tradition. Or il est très-probable
que l'acheteur, surtout s'il a déjà payé une partie du
prix, va demander que la chose lui soit livrée. Un
moyen est alors offert au vendeur de le satisfaire sans
abandonner sa garantie ; c'est de lui faire la tradition
en soumettant expressément le transport de la propriété à la condition du payement du prix. Cette
clause s'appelle *pactum reservati dominii*.

Le vendeur a encore intérêt à faire ce pacte dans le

cas où il a reçu un gage, un fidéjusseur, un *expro-
missor*, etc. ; car sans lui il perdrait son droit de propriété en livrant sa chose.

Il faut observer que si l'acheteur a un terme pour
le payement du prix, le vendeur n'a pas le droit d'a-
gir en revendication avant l'époque de l'exigibilité ;
son action serait repoussée par l'exception *rei venditæ
et traditæ* à laquelle la réplique de dol ne pourrait
être opposée.

Le vendeur peut encore manifester d'une autre manière son intention de rester propriétaire ; c'est en
concédant la chose à l'acheteur à bail ou en précaire.
Nous connaissons déjà les effets de ces conventions
accessoires, et les droits qu'elles donnent au vendeur
non payé. Ici elles lui sont particulièrement utiles en
ce qu'elles prouvent sa volonté de ne pas abandonner
son droit de propriété.

APPENDICE.

Nous avons déjà étudié deux garanties données au
vendeur par la législation romaine : le droit de rétention, et le droit de propriété conservé sur la chose
vendue jusqu'au payement du prix. Nous avons maintenant à rechercher si elle ne lui donnait pas en outre
une troisième garantie, un *privilegium inter personales actiones*. La question a été très-débattue : Loyseau,
dans son *Traité des offices* (liv. III, ch. 8), a soutenu
que le vendeur avait un privilége personnel ; mais
cette opinion, déjà fortement attaquée autrefois (Bas-

nage, *Des hypothèques*, ch. 14, p. 304 : Simon d'Olive, *Questions notables*, liv. IV, ch. 10), a été depuis à peu près abandonnée (Troplong, *Des priv.*, t. I, p. 230, comp. Grenier, *Des hyp.*, t. II, n° 383). Cependant la question doit être examinée, parce qu'elle touche à l'un des points les plus importants de la matière.

Il faut remarquer en premier lieu que jamais personne n'a prétendu que le vendeur ait eu en droit romain une hypothèque tacite, simple ou privilégiée, sur la chose vendue ; il est certain que les Romains ne lui ont jamais rien donné d'analogue à ce que nous appelons aujourd'hui un privilége. La controverse porte seulement sur le point de savoir s'ils lui ont accordé un *privilegium inter personales actiones*, c'est-à-dire un droit de préférence sur les créanciers chirographaires seulement (L. 9, Cod., *Qui pot. in piyn.*, VIII, 18), droit que donnait la législation à certains créanciers à raison de la qualité de leurs créances, qui s'exerçait non pas sur une chose particulière, mais sur l'ensemble des biens du débiteur, et qui ne conférait ni droit de suite ni droit de vente. On voit donc que le privilége du vendeur romain, en admettant qu'il ait existé, aurait été bien différent du privilége du vendeur en droit français.

Pour soutenir que le vendeur avait un privilége personnel en droit romain, Loyseau se fonde principalement sur la loi 34 (Dig., *De reb. auct. jud.*, XLII, 5) qui est ainsi conçue : « Quod quis navis fabricandæ,
» vel emendæ, vel armandæ, vel instruendæ causâ,
» vel quoquo modo crediderit, vel *ob navem venditam*
» petat : habet privilegium post fiscum. » Les mots
vel ob navem venditam semblent bien indiquer que le

privilége est donné au vendeur du navire comme aux autres créanciers dont l'énumération précède. La traduction la plus naturelle et la plus littérale du texte est celle-ci : « Celui qui réclame le payement de ce qui lui est dû pour avoir prêté de l'argent destiné à la construction, l'acquisition, etc., d'un navire, ou à tout autre usage ; ou bien pour avoir vendu un navire : a un privilége qui vient après celui du fisc. » Cependant quelques auteurs, entre autres Barthole et Antoine Favre, traduisent différemment les mots *ob navem venditam* ; selon eux, la dernière partie du texte signifierait que le privilége est donné à celui qui est créancier *à propos du navire vendu* à la requête de tous les créanciers envoyés en possession des biens du débiteur (*ob navem venditam*) ; quant au vendeur, il n'en serait pas question. C'est là, à mon avis, une version forcée : si ces mots avaient une telle signification, ils seraient complétement inutiles. La loi commence par indiquer soigneusement tout ce qui peut motiver un prêt à propos d'un navire, et termine sa nomenclature par cette phrase générale : *vel quoquo modo crediderit*; que serait-il besoin d'ajouter encore : *vel ob navem venditam*, si ces mots voulaient dire : ou à propos du navire, vendu par les créanciers envoyés en possession ? Aussi pense-t-on généralement qu'ils se rapportent à la créance du vendeur d'un navire.

Ce n'est donc pas par l'interprétation forcée d'un texte qu'il faut combattre le système d'après lequel le vendeur a un privilége. Je reconnais que le droit romain en donne un au vendeur d'un navire ; mais je prétends que c'est là une disposition spéciale, motivée par la faveur accordée au commerce maritime, disposition qu'il ne faut pas étendre au delà de l'hypothèse prévue par la loi 8. En effet, dans aucun texte nous ne trouvons trace d'un pareil droit accordé au vendeur en général ; comment expliquer ce silence sur un point aussi important, si ce n'est par la non-existence de ce privilége ? Nous voyons au contraire dans la loi 5, § 18 (Dig., *De tribut. act.*, XIV, 4) que le vendeur ne jouit d'aucun droit de préférence pour le recouvrement de sa créance. Cette loi exprime formellement qu'il vient à contribution avec les autres créanciers de l'acheteur.

Loyseau invoque encore en faveur de son opinion les novelles LIII, ch. 5, XCVII et CXXXVI, qui accordent à certains prêteurs de fonds une hypothèque privilégiée sur la chose acquise avec leurs deniers ; d'où il conclut que le vendeur devait avoir un privilége. C'est là une déduction que rien n'autorise à faire ; l'hypothèque privilégiée est fort différente du *privilegium inter personales actiones* dont il est question ; de ce qu'elle est donnée à certains créanciers dont l'argent a servi à faire une acquisition, on ne doit pas en conclure que le vendeur a un privilége personnel.

Il faut donc repousser l'idée d'une troisième garantie légale accordée à ce dernier, et ne lui reconnaître que celles dont nous avons parlé précédemment.

CHAPITRE II

GARANTIES CONVENTIONNELLES.

Le vendeur, de même que tout autre créancier, peut recevoir une sûreté personnelle, comme un fidéjusseur, ou une sûreté réelle, comme un gage, une hypothèque. Nous n'avons pas à entrer dans le détail des droits nouveaux qui lui sont ainsi procurés; nous devons seulement nous appesantir sur deux espèces de garanties qu'il peut se faire donner, le droit de gage ou d'hypothèque sur la chose vendue, et le droit de résolution, parce qu'elles sont aujourd'hui accordées de plein droit au vendeur, mais toutefois avec des différences essentielles.

Section Ire. — **Droit de gage ou d'hypothèque sur la chose vendue.**

En droit romain, nous l'avons vu, le vendeur n'avait ni privilége personnel, ni hypothèque tacite, simple ou privilégiée, sur la chose vendue; mais il pouvait, par une convention spéciale, se réserver sur elle un droit de gage ou d'hypothèque; de cette manière, il perdait bien la propriété en faisant tradition à l'acheteur, mais il acquérait aussitôt un droit qui était pour lui une garantie du payement du prix (L. 1, § 4, Dig., *De reb. eorum qui...*, XXVII, 9).

Le gage et l'hypothèque diffèrent en ce que dans l'un la chose est remise au créancier, tandis que dans l'autre elle reste entre les mains du débiteur; mais, en ce qui concerne les droits essentiels, ils produisent les mêmes effets (L. 5, § 1, Dig., *De pign. et hyp.*, XX, 1. — Inst. IV, 6, 7). Ainsi le vendeur qui s'est fait donner un droit de gage sur la chose vendue la conserve par devers lui. (il y a là un constitut possessoire) ; tandis que celui qui s'est fait consentir simplement une hypothèque sur elle par l'acheteur doit la lui livrer.

Le créancier gagiste, par une dérogation remarquable aux principes, possède *ad interdicta* quoiqu'il n'ait pas l'*animus domini*. Ainsi le vendeur qui, tout en aliénant sa chose, la garde en gage pour sûreté de sa créance, peut faire respecter sa possession par les interdits même à l'égard du propriétaire, de l'acquéreur (L. 16, Dig., *De usurp. et usuc.*, XLI, 3). La possession lui est utile à plusieurs points de vue. Détenant la chose, il peut la faire fructifier et retenir pour lui les fruits, en les imputant sur les intérêts qui lui sont dus. La possession lui donne en outre l'avantage d'être dispensé d'exercer l'action *quasi-Serviana* contre l'acheteur ou contre un tiers détenteur pour obtenir le délaissement quand il veut vendre son gage. Enfin elle le met à l'abri des actes par lesquels l'acheteur pourrait détériorer ou même faire disparaître la chose. Pour se maintenir en possession malgré les réclamations de ce dernier, il a un droit de rétention jusqu'à parfait payement.

Mais l'acquéreur est peut-être pressé d'entrer en jouissance ; d'un autre côté, le vendeur ne veut peut-être pas abandonner sa propriété sans avoir un droit de gage sur la *res vendita ;* dans cette occurrence, ils peuvent convenir tous deux qu'elle sera affectée en gage à la garantie du payement du prix, mais qu'elle sera donnée à bail ou concédée en précaire à l'acheteur (L. 35, § 1, Dig., *De pign. act.*, XIII, 7). Celui-ci est alors mis en jouissance ; quant au vendeur, il conserve absolument les interdits s'il y a louage (L. 37, Dig., *De pign. act.*), mais il les perd s'il y a précaire ; cependant il peut se servir de l'interdit *de precario* contre l'acheteur pour reprendre la possession (L. 6, § 4, Dig., *De prec.*, XLIII, 26) (1).

L'hypothèque se constitue par la seule convention ; le créancier acquiert par un simple pacte tous les droits qui y sont attachés, sans que le débiteur lui fasse remise de la possession. A part cette différence et les conséquences qui en découlent, notamment au point de vue des interdits, l'hypothèque lui procure les mêmes avantages que le gage, c'est-à-dire les droits de suite, de vente et de préférence. Ainsi le vendeur créancier gagiste ou hypothécaire n'a pas à craindre les aliénations que l'acheteur pourrait faire de la chose ; en quelques mains qu'elle passe, il a la faculté de la suivre et d'en demander le délaissement par l'action *quasi-Serviana* ou *hypothecaria*. Il a le droit de la vendre pour se payer, sur le prix, de ce que lui doit le premier acquéreur. C'est là pour lui une faculté précieuse, qu'il n'aurait pas sans son hypothèque ; car en droit romain un créancier chirographaire ne peut ainsi vendre lui-même un bien particulier de son débiteur : il doit se faire envoyer

______

(1) Dans cette dernière hypothèse, il est remarquable que le précariste a la possession *ad usucapionem*, mais non pas, il est vrai, en cette qualité.

en possession de tous les biens de celui-ci, pour les faire vendre publiquement par le ministère d'un syndic, avec l'autorisation du magistrat, à la suite d'une procédure longue et compliquée. Le créancier gagiste ou hypothécaire n'a pas besoin de l'autorisation du magistrat : il vend lui-même, publiquement ou non, la chose grevée de son gage ou de son hypothèque. Enfin notre vendeur a un droit de préférence grâce auquel il se paye sur le prix de la nouvelle vente avant tous les créanciers chirographaires de l'acheteur, et avant les créanciers hypothécaires auxquels l'hypothèque a été conférée après la sienne (1).

L'hypothèque garantit non-seulement le payement de la dette principale, mais aussi celui de tous les intérêts (L. 35, pr., Dig., *De pign. act.*).

On voit quels avantages procure au vendeur un droit de gage sur la chose vendue : il a rarement à redouter l'insolvabilité de l'acheteur, et n'a rien à craindre des aliénations que celui-ci peut avoir faites. Le droit de propriété qu'il conserve dans d'autres

(1) Pour faire ressortir la différence entre l'hypothèque conventionnelle du vendeur sur la chose vendue, en droit romain, et le privilége que notre législation lui accorde, il est bon d'indiquer encore une particularité du système romain. Les hypothèques étaient occultes ; aucune inscription ne révélait l'existence de la convention qui avait donné naissance à un droit que les tiers auraient eu tant d'intérêt à connaître. Ainsi une hypothèque pouvait être opposée à un tiers acquéreur, à un créancier hypothécaire subséquent, sans que ceux-ci aient pu en soupçonner l'existence. Une constitution de l'empereur Léon, d'après laquelle les hypothèques constatées dans un *instrumentum publice confectum* devaient, bien que postérieures en date, primer celles qui n'auraient pas été ainsi constatées, n'introduisit pas le régime de publicité dans la législation romaine.

circonstances lui donne des garanties différentes. Resté propriétaire, le vendeur est sûr, à défaut de payement, de ne pas perdre sa chose si elle n'est pas détruite matériellement ; devenu créancier gagiste, il est à peu près assuré du payement du prix. Mais en somme sa situation est préférable quand il est encore propriétaire, parce qu'alors il n'abandonne son droit que s'il est payé intégralement, tandis que quand il a seulement un droit de gage sur la chose vendue, sa garantie peut être rendue illusoire par la présence de créanciers à hypothèques privilégiées, ou à hypothèques générales d'une date antérieure à celle de la vente et de la constitution de son droit de gage.

SECTION II. — **Droit de résolution.**

Les Romains n'ont jamais donné à celui qui, dans un contrat nommé, s'était obligé à cause de l'engagement pris envers lui par une autre personne, un droit de résolution en cas d'inexécution de l'obligation de l'autre partie. Ainsi le vendeur romain ne pouvait, à défaut de clause expresse qui l'y autorisât, demander la résolution de la vente pour défaut de payement du prix (L. 8, Cod., *De contr. emp.*, IV, 38, — L. 12, Cod., *De rei vind.*, III, 32).

Mais c'était là une théorie spéciale aux contrats nommés. Dans les contrats innommés au contraire, dans ces innombrables conventions que le droit civil n'avait pas reconnues ni sanctionnées par une action parce qu'elles résultaient d'un simple accord de volontés non revêtu des formes exigées pour qu'elles eussent une force légale (1), dans ces contrats, le droit de résolution dont il s'agit existait de plein droit au profit de celui qui avait exécuté sa promesse non obligatoire. En effet le droit civil lui accordait, en cas d'inexécution de la promesse de l'autre partie, une action pour répéter, dans certaines hypothèses où cela était possible, l'avantage qu'il lui avait procuré : c'était une *condictio*, action personnelle, *stricti juris*, fondée sur le principe que nul ne doit s'enrichir aux dépens d'autrui (L. 65, § 4, Dig., *De cond. ind.*, XII, 6). Ainsi quand une personne avait par simple pacte promis de donner sa chose à une autre personne qui s'était engagée de son côté à donner la sienne, et que la première, après avoir fait la translation de propriété, n'obtenait pas celle qui avait été promise en retour, elle pouvait, par la *condictio ob rem dati re non secutâ*, répéter la chose qu'elle avait aliénée. Plus tard, la jurisprudence reconnut de véritables contrats dans ces conventions dénuées de force selon le droit civil, mais seulement quand elles avaient été mises à exécution par l'une des parties ; ce furent des contrats *re*, formés par cette réalisation unilatérale elle-même. Dès lors, une action *præscriptis verbis* fut donnée pour assurer l'accomplissement de la promesse devenue obligatoire de l'autre partie. Néanmoins la *condictio* ne fut pas retirée à celui qui avait tenu ses engagements ; par là il put, dans la plupart des cas, au lieu de demander par l'action *præscriptis verbis* l'exécution de l'obligation de son adversaire, répéter contre lui ce

______

(1) Par exception la vente, le louage, la société et le mandat, quoique formés par le seul consentement, étaient cependant reconnus par le droit civil et classés parmis les contrats.

qu'il lui avait procuré (L.5, §§ 1 et 2, Dig., *De præscr. verb.*, XIX, 5). Il résolvait ainsi lui-même le contrat qu'il avait formé, dégageant l'autre partie de l'obligation qui en dérivait, mais la poursuivant pour celle qui était née, *quasi ex contractu*, de ce fait qu'elle avait reçu une prestation pour une cause qui ne s'était pas réalisée (*causa data causa non secuta*).

Le vendeur, quant à lui, n'avait pas la même faculté; quand il avait fait de sa chose une tradition translative de propriété, il pouvait seulement exercer l'action du contrat pour demander le payement du prix; mais s'il n'était pas payé il n'avait aucune *condictio* pour réclamer la retranslation de propriété, c'est-à-dire pour résoudre la vente. D'où vient cette différence? Le motif en est rationnel suivant les principes du droit romain. Dans un contrat innommé, dans l'hypothèse *do ut des* par exemple, celui qui a donné sa chose l'a fait en vue d'obtenir la dation promise en retour par l'autre partie; c'est donc cette dation qui est la cause de celle qu'il a faite lui-même; s'il ne l'obtient pas, la sienne n'a pas de cause, *res non secuta est;* il peut donc demander par la *condictio causâ datâ causâ non secutâ* que la propriété lui soit retransférée. Mais le vendeur qui a donné sa chose l'a fait, quant à lui, pour remplir son obligation. Peu importe que l'acheteur accomplisse ou non la sienne; dans tous les cas, la dation du vendeur a une cause, puisqu'elle a été faite pour exécuter une obligation existante. Le vendeur ne peut donc exercer la répétition de la chose qu'il a donnée, parce que, disent les Romains, *causa secuta est.* Dans l'hypothèse précécente, au contraire, la dation n'a pas eu pour cause l'accomplissement

d'une obligation, celui qui l'a faite n'ayant jamais été
lié civilement : en effet le contrat innommé ne s'est
formé que par cette exécution même ; jusque-là c'était
un simple pacte sans force juridique, qui n'obligeait
pas civilement les parties. Celui dont nous nous occupons a donc fait sa prestation non pas pour se libérer,
mais bien pour obtenir la prestation promise en retour;
s'il n'y parvient pas, il est vrai de dire qu'il a fait une
dation sans cause, et qu'il peut répéter ce qu'il a
donné.

Ainsi, d'après les principes mêmes, il a un droit
de résolution s'exerçant par une *condictio*, droit qu'il
peut préférer à celui d'invoquer le contrat et de poursuivre l'exécution de l'obligation de l'autre partie ; le
vendeur, au contraire, ne peut pas résoudre la vente
à défaut de payement, en exerçant la répétition de la
chose dont il a transmis la propriété à l'acheteur (L.
12, Cod. *De rei vind.* — L. 8, Cod., *De contr. emp.*—
L. 14, Cod., *De rescind. vend.*, IV, 44). Mais il lui est
permis de se réserver cette faculté par une clause expresse. C'est cette clause, appelée *lex commissoria*, que
nous allons étudier.

I. — DE LA *lex commissoria*.

La clause commissoire est, en règle générale, un
pacte accessoire à une autre convention, en vertu
duquel celui qui n'exécute pas son engagement doit
être déchu des droits que lui donne la convention.
Cette définition ne s'applique pas à la clause appelée
aussi *lex commissoria*, accessoire au contrat de gage,
en vertu de laquelle le créancier gagiste est autorisé à

s'approprier la chose engagée, si le débiteur ne paie pas à l'échéance. Ce pacte, adjoint à un contrat, ressemble à la *lex commissoria* que j'ai définie en ce qu'il contient la déchéance conditionnelle d'un droit que donne le contrat principal, le droit de reprendre la chose engagée ; mais il en diffère en ce que cette déchéance doit frapper l'une des parties pour l'inexécution d'une autre obligation que celle qui dérive du contrat principal. Le pacte commissoire est d'ailleurs prohibé dans une constitution de gage.

La *lex commissoria* est surtout usitée dans la vente, et principalement en faveur du vendeur, à qui elle donne le droit de résoudre la vente si l'acheteur n'accomplit pas ses obligations. C'est un pacte accessoire, qui peut être adjoint au contrat soit *in continenti*, soit *ex intervallo*. Ses effets en sont bien différents selon qu'on se place dans l'une ou l'autre hypothèse. Si la *lex commissoria* est adjointe à la vente *in continenti*, c'est-à-dire si elle est contenue dans le contrat lui-même, elle en emprunte la force civile, et les obligations qu'elle peut faire naître sont sanctionnées — sauf une controverse que nous verrons plus tard — par l'action du contrat. Si au contraire elle a été conclue *ex intervallo*, c'est-à-dire après la vente, il faut sous-distinguer : dans le cas où elle l'a été avant que la vente ait encore reçu aucune exécution, sa force juridique est la même que précédemment, parce que la convention nouvelle intervenue entre les parties est considérée comme une nouvelle vente remplaçant la première et contenant une *lex commissoria* adjointe *in continenti*. Il est de principe, en effet, que les pactes faits *ex intervallo* qui modifient un contrat consensuel

dans l'un de ses éléments essentiels dissolvent ce contrat et en constituent un nouveau, quand ils inter-
viennent *rebus adhuc integris* (L. 72, Dig., *De contr.
emp.*, XVIII, 1); or la *lex commissoria* modifie bien la
vente dans ses éléments essentiels, puisqu'elle soumet son existence même à une condition résolutoire.
Dans le cas où la clause commissoire intervient après
que la vente a déjà reçu un commencement d'exécution, on ne peut plus dire que la convention est une
nouvelle vente remplaçant la première, car celle-ci ne
peut être dissoute, ayant déjà produit des effets qui se
sont réalisés ; aussi dans ce cas la *lex commissoria* est-
elle un véritable pacte adjoint *ex intervallo* à la vente.
Ne pouvant emprunter l'action du contrat pour la
sanction des obligations qu'elle engendre, et ne pouvant produire elle-même une action (L. 7, § 4, Dig.,
De pactis, II, 14), elle n'a d'effet que si elle est in-
voquée par voie d'exception ; car un pacte, simple
accord de volontés non revêtu des formes consacrées,
n'est pas obligatoire d'après le droit civil, et n'est
sanctionné par le préteur qu'au moyen d'une exception (L. 7, §§ 4 et 7, Dig., *De pactis*. — L. 13, Cod.,
De pactis, II, 3). Ainsi, lorsque le vendeur a fait une
lex commissoria seulement après la vente, *rebus non
integris,* et qu'il a transféré à l'acheteur la propriété
de la chose vendue, il ne peut exercer aucune action
pour la reprendre en cas de non-payement du prix ;
mais s'il l'a entre les mains, et que l'acheteur la réclame après l'accomplissement de la condition résolutoire contenue dans la *lex commissoria*, il a le droit
dans tous les cas, en vertu de ce pacte quand ce n'est
pas en vertu de son droit de rétention, de repousser

cette action par une exception et de garder la chose. Il serait donc autorisé à la conserver même si l'acheteur la réclamait en offrant le prix.

Toutes ces solutions dérivent de l'application au pacte commissoire de la théorie générale des pactes adjoints à un contrat de bonne foi (L. 7, § 5, Dig., *De pactis*).

La *lex commissoria* est susceptible de modalités : elle peut être — s'il est permis de s'exprimer ainsi — pure et simple ou à terme. Elle est pure et simple quand elle est, par exemple, ainsi formulée : *si pecunia soluta non sit, fundus inemptus sit*. Elle est à terme quand les mots *ad diem* (ou autres équivalant) sont ajoutés au premier membre de phrase ; c'est sous cette forme qu'elle est le plus souvent présentée par les textes.

Il ne faut pas confondre le terme apposé à la clause commissoire avec celui qui peut affecter l'obligation de payer le prix ; la *lex commissoria* peut être à terme tandis que l'obligation de l'acheteur est pure et simple. Ainsi on conçoit le contrat libellé de cette manière : « Primus vend son esclave à Secundus, qui lui paiera mille sesterces dans trois mois ; s'il ne les paie pas dans ce délai, Primus aura le droit de résoudre la vente. » Dans cette hypothèse, la *lex commissoria* est à terme parce que l'obligation de l'acheteur l'est elle-même. Mais on peut aussi concevoir le contrat en ces termes : « Primus vend son esclave à Secundus pour mille sesterces ; si Secundus ne les paie pas d'ici à trois mois, Primus aura le droit de résoudre la vente. » Dans ce cas, l'acheteur n'a pas de terme pour l'acquittement de sa dette ; mais jusqu'à l'expiration des trois mois, il n'encourt pas la résolution du contrat en ne payant pas, le vendeur a le droit de le poursuivre en payement du prix dès que la vente est conclue, mais non pas d'invoquer la *lex commissoria* avant l'expiration du délai.

Nous avons considéré jusqu'à présent la *lex commissoria* comme apposant une condition résolutoire à la vente : *si intra decem menses pecunia soluta non sit, fundus inemptus sit.* C'est ainsi en effet qu'on la trouve exprimée dans les textes. Mais peut-elle être adjointe au contrat pour en suspendre l'existence même par la condition du payement du prix ? Peut-elle être conçue en ces termes : *si intra decem menses pecunia soluta sit, fundus sit emptus?* Je le pense, quoique nous ne la trouvions nulle part insérée sous cette forme. J'en trouve la preuve dans la loi 1 (Dig.,*De leg. com*, XVIII, 3) dont la traduction la plus naturelle et la plus plausible est celle-ci : « Si un fonds a été vendu sous » une *lex commissoria*, il vaut mieux présumer que la » vente est résoluble sous condition, que de présumer » qu'elle est conclue sous condition» (*si fundus commissoria lege venierit, magis est, et sub conditione resolvi emptio, quam sub conditione contrahi videatur*). Puisque l'hésitation est permise entre ces deux présomptions, c'est donc que la *lex commissoria* peut, comme l'*addictio in diem* (L. 2, pr., Dig., *De in diem addic.*, XVIII, 2), affecter le contrat d'une condition suspensive.

Je ne m'appuierai pas sur la loi 38, § 2 (Dig., *Ad. leg. falcid.*, XXXV, 2), d'après laquelle la chose vendue *sub lege commissoria* compte dans le patrimoine du vendeur pour le calcul de la Falcidie, ce qui semblerait indiquer qu'elle a été vendue sous condition suspensive, hypothèse dans laquelle la chose reste dans le domaine du vendeur jusqu'à l'accomplissement de la condition. Mais, à cause de sa généralité même, cette loi me paraît supposer que la chose vendue *sub lege commissoria* l'a été sous condition résolutoire ; c'était là l'hypothèse de beaucoup la plus fréquente, et celle qui devait se présenter le plus naturellement à l'esprit des jurisconsultes quand ils voulaient donner des solutions générales sur ce point.

J'invoquerai au contraire la loi 2, § 3, (Dig., *Pro empt.*, XLI, 4) ; d'après ce fragment, une chose ayant été achetée avec cette clause : *ut inempta fieret, nisi pecunia intra diem certum soluta esset*, l'acheteur n'usucape pas tant qu'il n'a pas payé ; c'est sans doute que la condition du payement du prix est suspensive, dans l'hypothèse prévue par le texte, car, si elle était résolutoire, l'acheteur usucaperait — en supposant que la tradition l'aurait rendu propriétaire si le vendeur l'avait été — (L. 2, § 1, Dig., *De in diem add.*, XVIII, 2 — L. 2, § 4, Dig., *Pro empt.*). Il est certain en effet qu'un acquéreur sous condition suspensive n'usucape pas (L. 8, *pr.*, Dig., *De per. et com. rei vend.*, XVIII, 6 — L. 2, § 2, Dig., *Pro empt.*) ; le § 4 de la même loi l'exprime aussi à propos de l'*addictio in diem*, après avoir donné la solution contraire pour le cas où la condition est résolutoire. La loi 2, §§ 3 et 4, est ainsi conçue : « § 3. Sabinus, si sic empta sit, ut
» nisi pecunia intra diem certum soluta esset, inempta
» res fieret, *non usucapturum*, nisi persoluta pecunia :
» sed videamus, utrum conditio sit hoc, an conven-
» tio ? si conventio est, magis resolvetur, quàm im ·
» plebitur. § 4. Si in diem addictio facta sit (id est,

» nisi si quis meliorem conditionem attulerit), per-
» fectam esse emptionem, et fructus emptoris effici,
» et *usucapionem procedere*, Julianus putabat; *alii*,
» et hanc *sub conditione* esse contractam : ille non
» contrahi, sed resolvi dicebat : quæ sentia vera
» est. » Le rapprochement de ces deux paragraphes
me semble pleinement démontrer qu'il y a des cas où
la *lex commissoria* suspend l'existence même de la
vente (Voët, *ad lib.* XVIII, tit. 3, n° 1 ; Favre, *Ration.*
in Pand., *ad leg.* 1 *De leg. com.* ; Molitor, *Des*
Obligations, t. I, n° 511).

On objecte que la vente n'existe pas même à l'état
conditionnel quand elle est soumise à la condition
suspensive du payement du prix. En effet, dit-on,
l'acheteur n'est pas obligé, la condition étant potestative de sa part ; le vendeur ne l'est pas non plus, parce
que la cause de l'obligation fait défaut ; donc le contrat est absolument inexistant. Ce raisonnement est
rigoureusement logique ; mais il faut observer que les
Romains ont admis, pour des motifs d'utilité, la validité des ventes dans lesquelles l'une des parties n'est
obligée que sous une condition potestative de sa part ;
ainsi ils reconnaissaient la validité d'une vente *ad*
comprobationem, ad gustum, soumise à la condition
suspensive de l'agrément de l'acheteur (Inst., III, 23,
§ 4 — L. 34, § 5, Dig., *De contr. empt.*, XVIII, 1). Il
est donc permis de dire qu'une vente pouvait être
faite sous une *lex commissoria* affectant le contrat de
la condition suspensive du payement du prix, quand
on a des textes qui semblent se placer dans cette
hypothèse.

Cependant, lorsque les textes donnent des exem-

ples de cette clause, ils la présentent toujours comme
soumettant la vente à une condition résolutoire ; mais
s'il en est ainsi, c'est que, je l'ai déjà dit, c'était là
le mode le plus usité. La *lex commissoria* était en effet
surtout utile quand elle tenait en suspens la résolution du contrat ; car lorsqu'elle contenait une condition suspensive, elle soumettait l'existence même de
la vente à la volonté de l'acheteur, ce qui était peu
pratique ; la vente n'était formée que si l'acheteur
payait, ce qui était une condition potestative de sa
part ; les risques étaient donc à la charge du vendeur.
La *lex commissoria*, quand elle donnait à ce dernier
un droit de résolution pour le cas où le prix ne serait
pas payé, était au contraire dans son intérêt exclusif ;
lui seul, comme nous le verrons bientôt, avait le droit
de l'invoquer ; les risques n'étaient pas à sa charge,
car si la chose venait à périr ou à se détériorer, il
pouvait maintenir le contrat et poursuivre le payement du prix par toutes les voies de droit. Aussi,
comme ce travail doit rouler sur les droits du vendeur, ne parlerai-je plus désormais que de la *lex commissoria* contenant une condition résolutoire.

La clause commissoire peut être insérée dans le
contrat aussi bien quand le vendeur doit conserver
que lorsqu'il doit perdre la propriété de sa chose en
la livrant à l'acheteur ; mais son utilité est bien plus
grande dans le second cas que dans le premier. Supposons d'abord que le vendeur a fait tradition, mais
sans cesser d'être propriétaire ; n'étant pas payé, il a
le droit de revendiquer, ce qui est pour lui une garantie très-efficace contre la perte. Cependant sa

situation est encore assez fâcheuse, je l'ai déjà dit, même quand il a conservé cette garantie, s'il n'a pas un droit de résolution ; il ne peut en effet disposer de la chose vendue sans s'exposer à une condamnation en dommages-intérêts si l'acheteur vient plus tard, le prix à la main, réclamer l'exécution du contrat. La *lex commissoria*, qui lui permet de résoudre la vente, le met à l'abri de ce grave inconvénient ; car si l'acheteur veut ainsi invoquer le contrat à un moment inopportun, le vendeur à le droit de le repousser en se fondant sur ce que le contrat est résolu. La solution serait la même si le vendeur, ayant usé de son droit de rétention, ne s'était jamais dessaisi, et qu'il y ait eu résolution. Dans ces diverses circonstances, le pacte commissoire lui donne le moyen d'opposer l'exception *pacti conventi* après l'accomplissement de la condition résolutoire.

Que si nous supposons maintenant une tradition faite avec translation de propriété — soit parce que le vendeur a reçu une satisfaction quelconque, soit parce qu'il a fait crédit à l'acheteur, — l'utilité de notre clause est encore plus évidente. En effet, le vendeur n'a plus la revendication ; réduit à son action personnelle *ex vendito*, il court tous les risques de l'insolvabilité de l'acheteur. Grâce à la *lex commissoria*, résolvant la vente quand il n'est pas payé, il peut réclamer la chose vendue, — nous verrons plus tard au moyen de quelles actions, — et, une fois nanti, comme dans l'hypothèse précédente, en disposer comme il l'entend, sans avoir rien à redouter de l'acheteur si celui-ci vient plus tard invoquer le contrat.

A ce propos, il faut remarquer que le vendeur peut, dans un certain cas, même quand il n'a pas fait un pacte commissoire, refuser de livrer la chose vendue à l'acheteur qui la réclame en offrant le prix : c'est quand celui ci, ayant déjà demandé une première fois en justice la tradition sans vouloir payer, et ayant été repoussé par une exception, vient ensuite poursuivre de nouveau l'exécution de la vente. Mais si dans cette hypothèse le vendeur a le moyen de faire rejeter la demande de l'acheteur offrant le prix, quoiqu'il n'y ait pas de *lex commissoria*, ce n'est pas parce qu'il y a eu résolution légale du contrat fondée sur l'inexécution première de l'obligation de l'acheteur, c'est parce que celui-ci, ayant exercé déjà son action *ex empto*, n'a plus le droit, d'après les principes de la procédure formulaire, de l'exercer une seconde fois en vertu du même contrat. En effet, la *litis contestatio* a opéré une sorte de novation de l'obligation du vendeur, et l'a transformée en une obligation de subir les effets de la sentence (Gaius, III, 180); une absolution est intervenue qui a éteint cette dernière obligation , mais sans ressusciter la première. L'acheteur a donc épuisé son droit : désormais l'action *empti* qu'il voudrait intenter, la fondant sur ce que le vendeur est obligé par le contrat de lui faire tradition, serait repoussée soit directement, soit au moyen de l'exception *rei judicatæ* — selon des distinctions dans lesquelles nous n'avons pas à entrer, — parce que l'obligation du vendeur n'existe plus. Celui-ci est donc à l'abri de toute réclamation intempestive, par suite de cet effet singulier de procédure, comme s'il avait la faculté de se prévaloir d'une *lex commissoria*.

II. — ACCOMPLISSEMENT DE LA CONDITION RÉSOLUTOIRE CONTENUE DANS LA *lex commissoria*.

La résolution du contrat en vertu du pacte commissoire est soumise à deux conditions : pour qu'elle s'effectue, il faut que l'acheteur n'ait pas payé l'intégralité du prix quand il devait le faire, et, en second lieu, que le vendeur veuille se prévaloir de son droit de résolution. (Doneau, *Comment. de jure civ.*, lib. XVI, ch. 19.)

Première condition. — Il faut que l'acheteur n'ait pas payé l'intégralité du prix quand il devait le faire. — A cet égard, on doit distinguer entre le cas où la *lex commissoria* est à terme et celui où elle est pure et simple. Quand elle est à terme : *si ad diem pecunia soluta non sit, fundus inemptus sit*, la résolution est encourue si le payement total n'est pas fait au jour fixé, et elle l'est sans que le vendeur ait besoin de faire une interpellation (L. 4, § 4, Dig., *De leg. com.*, XVIII, 3). En cela la *lex commissoria* se rapproche de la *stipulatio pœnæ* (L. 23, *in fine*, Dig., *De obl. et act.*, XLIV, 7), qui devient exigible par la seule expiration du terme quand l'obligation principale n'est pas exécutée dans le délai convenu (L. 12, Cod., *De contr. et com. stip.*, VIII, 38); *dies interpellat pro homine*, disaient nos anciens auteurs. Cette règle est très-rationnelle dans les deux cas : en effet, la *lex commissoria* et la *stipulatio pœnæ* étant conçues de telle sorte que la résolution de la vente ou que la peine devra être encourue si l'obligation n'est pas exécutée dans un certain délai, la condition qu'elles renferment est accomplie par cela seul qu'il y a inexécution de l'obligation jusqu'au terme fixé ; elles sont donc encourues sans l'intervention d'une interpellation au débiteur. Mais la règle n'en est pas moins fort dure pour ce dernier ; aussi le Code civil l'a-t-il répudiée dans les art. 1230 et 1656.

Dans le système du droit romain, l'interpellation que ferait le vendeur pour résoudre ensuite le contrat lui serait même nuisible. En effet cette interpellation, qui est une sommation de payer, manifesterait de sa part l'intention de maintenir la vente ; or nous verrons bientôt que le vendeur ne peut plus résoudre le contrat après avoir manifesté cette intention.

Une fois la résolution encourue, l'acheteur ne peut plus y échapper, si le vendeur veut s'en prévaloir, en offrant de payer la totalité du prix (L. 23, Dig., *De obl. et act.*). Dès qu'une condition est accomplie ou défaillie, tout est irrévocablement fixé (L. 41, § 12, Dig., *De fideic. lib.*, XL, 5. — L. 23, pr., Dig., *De statu liberis*, XL, 7).

Quand la *lex commissoria* est pure et simple, *si pecunia soluta non sit, fundus inemptus sit*, le vendeur ne peut l'invoquer avant d'avoir fait à l'acheteur une interpellation, car alors il est impossible de dire : *dies interpellat pro homine.* Mais à quelle époque le vendeur est-il autorisé à la faire ? Selon Voët (*ad. lib.* XVIII, tit. 3), ce serait après un délai de soixante jours, par argument de la loi 31, § 22 (Dig., *De æd. ed.*, XXI, 1), d'après laquelle l'acheteur qui a fait insérer dans la vente un *pactum displicentiæ* en sa faveur, sans fixation de délai, a soixante jours pour se décider. Mais c'est là une extension arbitraire de la disposition de cette loi, qui prévoit une hypothèse toute différente de la nôtre. Selon Noodt (*ad lib.* XVIII, tit. 3) et Cujas (*ad Afric. tract.* VII, *ad leg.* 23, *De obl. et act.*), le vendeur doit observer un délai modéré (L. 23, *in fine*, Dig., *De obl. et act.*). Il est fort probable que ce délai devait, en cas de contestation, être déterminé par le juge ou par un arbitre (arg. L. 137, § 2, Dig., *De verb. obl.*, XLV, 1).

Quand un terme a été fixé à la *lex commissoria*, l'acheteur, nous le savons, ne peut échapper à la résolution en payant après l'expiration. Doit-on dire par analogie que, quand la clause commissoire est pure et simple, il n'a pas le moyen d'éviter la résolution en payant après l'interpellation qui lui a été faite? Je ne le pense pas. Je crois que quand aucun terme n'a été fixé, la déchéance ou la peine stipulée pour l'inexécution d'une obligation est encourue non pas du jour de l'interpellation, mais seulement à partir du moment où l'instance engagée entre les parties est parvenue à la *litis constestatio*. C'est à ce moment que le juge doit se placer pour vérifier le droit du demandeur ; or celui-ci ne peut se prévaloir du droit que lui donne la clause accessoire que si le débiteur n'a pas payé ; comme un délai fatal n'a pas été déterminé par les parties, si le débiteur a payé avant l'époque où le juge doit se placer pour reconnaître le droit de chacun, il doit être absous. L'interpellation n'est indiquée nulle part comme entraînant la déchéance du débiteur ; mais, d'après les principes, c'est la *litis contestatio* qui doit avoir cet effet quand aucun terme n'a été fixé. La loi 21, § 12 (Dig., *De rec. qui arbit.*,

IV, 8), le dit expressément à propos de la clause pénale ; par analogie, il faut appliquer la même solution
quand il y a *lex commissoria* (arg. L. 84, Dig. *De verb.
obl.*). Il serait d'ailleurs bizarre que l'acheteur ne
puisse plus payer après une sommation de *payer* qui
lui est faite. Il faut donc dire que si la *lex commissoria*
n'est pas faite *ad diem*, l'acheteur interpellé peut empêcher la résolution de la vente en s'acquittant avant
qu'il n'y ait *judicium acceptum* dans l'action intentée
par le vendeur pour résoudre le contrat et reprendre
la chose vendue (Cujas, *loc. cit.*).

L'acheteur, avons-nous dit, évite la résolution du
contrat quand il paie avant l'expiration du délai convenu, ou, s'il n'y en a pas, avant la *litis contestatio ;*
il en est de même quand il est libéré d'une autre manière, par novation, acceptilation, etc. Il en est également ainsi toutes les fois que c'est pour une cause
provenant du vendeur que le payement n'a pu être
effectué en temps utile. (L. 161, Dig., *De reg. juris*,
L, 17). Les exemples abondent sur ce sujet dans les
textes. Ainsi l'acheteur n'a trouvé personne à qui il
pût payer le prix, soit parce que le vendeur n'a pas
voulu le recevoir (L. 23, § 3, Dig., *De rec. qui arb.*
IV, 8 — L. 7, Cod., *De pact. int. empt.*, IV, 54), soit
parce qu'il s'était absenté sans laisser de mandataire
(L. 4, § 4, *in fine*, Dig., *De leg. com.*, XVIII, 3), soit
parce qu'il était mort sans héritiers : dans ces hypothèses, et dans d'autres analogues, l'acheteur n'encourt pas la résolution, *quod per se non stetit quominus
persolveret.*

Néanmoins il doit toujours se tenir prêt à payer sur
la réquisition du vendeur (L. 51, § 1, Dig., *De act.*

empt., XIX, 1) ; sinon ce dernier, pouvant, à un moment donné, réclamer le prix, et n'étant pas satisfait,
aurait le droit d'invoquer la *lex commisseria*, sauf s'il
y avait dol de sa part, si par exemple il s'était éloigné
de son domicile à l'époque de l'échéance pour revenir ensuite inopinément surprendre l'acheteur dans
un moment défavorable. Cette solution est confirmée
par la loi 8 (Dig., *De leg. com.*) : l'acheteur, prêt à
payer la somme convenue au jour fixé, n'a pas trouvé
la venderesse ; le lendemain, il a reçu du fisc, créancier de celle-ci, défense de la payer avant qu'elle n'ait
satisfait le fisc (c'est là ce que nous appelons une saisie-arrêt) : dans ces circonstances, la venderesse n'a
pas le droit de résoudre la vente. Ce fragment nous
montre que l'acheteur échappe à la *lex commissoria*
parce qu'il n'a trouvé personne à qui il pût faire le
payement et qu'il a ensuite été légitimement empê-
ché de le faire, par suite de la dénonciation du fisc ;
c'est donc qu'à défaut de cet empêchement il aurait
dû, sous peine d'encourir la commise, se tenir prêt à
s'acquitter si la venderesse l'en avait requis.

On s'est demandé si l'acheteur avait besoin de con-
signer la somme et de la déposer après avoir fait
ses offres. Pour soutenir l'affirmative, on s'est appuyé
sur la loi 7 (Cod., *De pact. int. empt.*, IV, 54), qui est
ainsi conçue : «..... Sed si (venditor) se subtrahat, ut
» jure dominii eamdem rem retineat : denunciationis
» et obsignationis depositionisque remedio contra
» fraudem potes juri tuo consulere. » Ce texte, dit-
on, semble indiquer le dépôt et la consignation
comme une condition nécessaire pour que l'acheteur
puisse se soustraire à la résolution. Cependant je ne

pense pas qu'il ait cette signification ; ses termes ne sont pas absolus : *potes juri tuo consulere*, tu peux pourvoir à tes droits en déposant et consignant la somme. Cette phrase ne veut pas dire que l'acheteur devra nécessairement faire le dépôt pour être en sûreté, elle signifie qu'il sera en sûreté s'il agit ainsi ; et en effet le dépôt lui donnera pleine sécurité en ce qu'il le libérera d'une manière complète et le mettra à l'abri d'une réclamation intempestive du vendeur, à laquelle il serait exposé s'il faisait simplement des offres non suivies de consignations. Nous voyons d'autre part dans la loi 4, § 4 *in fine* (Dig., *De leg. com.*) qu'Ulpien n'exige aucunement ces formalités : *quod si non habet (emptor) cui offerat, posse esse securum.* Enfin dans l'hypothèse de la loi 8 du même titre, dont j'ai déjà parlé, il est évident que la consignation n'a pas eu lieu, sinon le fisc n'aurait pu faire une saisie-arrêt entre les mains de l'acheteur, qui aurait été libéré par le dépôt et la consignation ; or ce texte refuse à la venderesse le droit de résoudre la vente. C'est donc que la consignation n'est pas nécessaire.

Dans d'autres circonstances encore l'acheteur, quoiqu'il n'ait pas payé, peut être à l'abri de la résolution. Quand par exemple le vendeur devait, avant de recevoir le prix, fournir un *fidejussor evictionis* et qu'il ne l'a pas fait, l'acquéreur n'est pas en faute de n'avoir pas payé avant le terme de la *lex commissoria* et n'a rien à redouter à ce sujet (L. 10, § 1, Dig. *De resc. vend,* XVIII, 5). S'il se trouve être le tuteur des enfants de son vendeur décédé, il évite la résolution du contrat en payant à ses cotuteurs, ou, s'il n'en a pas, en

portant sa dette sur son compte de tutelle (L. 10, pr.,
Dig., *eod. tit.*)

Deuxième condition. — Il faut que le vendeur
veuille se prévaloir de son droit de résolution. — C'est
la deuxième condition de l'accomplissement de la condition résolutoire. En effet la clause commissoire est
insérée uniquement dans l'intérêt du vendeur ; il en
résulte que lui seul a le droit de l'invoquer, et que
l'autre partie ne peut la lui opposer s'il préfère maintenir le contrat (L. 2, Dig., *De leg. com.*). *Unicuique
licet contemnere hæc, quæ pro se introducta sunt,* dit la
loi 41 (Dig., *De min. vig. quinq. annis,* IV, 4). Si l'acheteur avait la faculté de se prévaloir du pacte commissoire, il pourrait, en refusant d'acquitter son obligation, se départir d'un contrat qui le mettrait en perte;
rien ne lui serait plus facile que de se dégager d'un
bien gênant. Il aurait ainsi le moyen, en manquant
à ses engagements, de rejeter sur le vendeur les risques qui doivent être à sa charge (L. 2, *De leg. com.*).
Le but de la *lex commissoria,* adjointe au contrat dans
l'intérêt du vendeur, ne serait pas atteint.

Le vendeur peut donc, à son choix, résoudre ou
maintenir le contrat. Il a intérêt à prendre le premier
parti si l'acheteur est insolvable, ou si la chose a subi
des accroissements depuis la vente ; au contraire, si
elle a péri, si elle s'est détériorée, ou si le défaut de
payement n'a pas eu pour cause l'insolvabilité de
l'acquéreur, et que le marché soit avantageux, il préférera laisser subsister le contrat et poursuivre le
payement du prix. Mais son option, une fois faite, est
irrévocable ; ainsi, dès qu'il a manifesté l'intention de
faire exécuter le contrat, soit en demandant le prix

(L. 38, pr., Dig., *De min. vig.quinq.*, IV, 4. — LL. 6, § 2, et 7, Dig., *De leg. com.*), soit en réclamant les intérêts (L. 4, Cod., *De pact. int. empt.*, IV, 54), il n'a plus la faculté d'invoquer le pacte commissoire. De même, s'il s'était déjà prévalu de la *lex commissoria*, il ne serait pas autorisé à poursuivre ensuite le payement du prix, même en restituant les avantages que ui aurait procurés la résolution de la vente. Il est en effet de principe en droit romain que l'on ne peut revenir sur son choix (arg. L. 20, Dig. *De opt. vel elect.*, XXXIII, 5 — L. 2, Cod. *De jur. dom. imp.*, VIII, 34).

Le vendeur montre de diverses manières son intention de résoudre la vente ; soit en exerçant une action contre l'acquéreur pour se faire rendre la chose vendue ; soit, s'il est lui-même nanti, en opposant le pacte commissoire à l'acheteur qui vient réclamer l'exécution du contrat après avoir failli une première fois à ses engagements ; soit en lui signifiant par un acte extrajudiciaire sa volonté de se prévaloir de la *lex commissoria*, et de reprendre la chose vendue et livrée. D'ailleurs, la question de savoir si cette intention a été suffisamment manifestée est une pure question de fait.

On s'est demandé si le vendeur devait faire son option immédiatement après l'expiration du terme de la *lex commissoria*, sous peine de voir l'acheteur purger sa demeure et se soustraire aux effets de la clause en offrant le prix avant que l'option ne fût faite; ou si au contraire il pouvait l'exercer à toute époque — après l'expiration du délai convenu —, sans avoir à craindre que l'acheteur ne le prévînt en le payant et n'échappât ainsi à la résolution. Pour soutenir la première opinion, on s'est appuyé sur la loi 4, § 2 (Dig., *De leg. com.*), d'après laquelle le vendeur doit « *statim* atque commissa lex est, statuere utrum com- » missoriam velit exercere, an potius pretium petere ; » nec posse, si commissoriam elegit, postea variare. » Je ne pense pas qu'il faille attribuer une telle impor- tance au mot *statim* contenu dans ce fragment. Quand même il signifierait que le vendeur doit faire son op- tion aussitôt après que la résolution a été encourue, il n'autoriserait pas à attacher au retard du vendeur la conséquence indiquée plus haut ; en effet la loi ne contient aucune sanction de cette prétendue règle, dont nous ne trouvons pas une seule trace dans les textes nombreux qui traitent de la matière. La loi 4, § 2, ne me paraît même pas l'établir, car elle est des- tinée non pas à déterminer l'époque à laquelle le choix doit être fait, mais à poser le principe de l'irré- vocabilité de ce choix. Elle signifie simplement que le vendeur a la faculté de prendre le parti qu'il lui plaît, dès qu'il y a eu commise, mais qu'il ne peut plus varier après avoir choisi.

Je pense donc que l'acheteur n'a pas la faculté de purger sa demeure, en offrant de payer avant que le vendeur ait exercé son option, et que ce dernier a toujours le droit de résoudre le contrat quand il le veut, dès que l'acheteur a encouru la résolution.

III. — EFFETS DE L'ACCOMPLISSEMENT DE LA CONDITION RÉSOLUTOIRE

L'arrivée de la condition contenue dans la *lex com- missoria* a pour effet de résoudre la vente : *resolvitur emptio, res inempta est*, disent les textes. Cependant l'arrivée d'une condition ne pourrait pas résoudre une stipulation. La cause de cette différence réside dans la règle : *quæ jure contrahuntur, contrario jure pereunt.* (L. 100, Dig., *De reg. jur*, L, 17). En insérant dans la vente une *lex commissoria*, les parties ont dissous le contrat conditionnellement ; il y a eu *ab initio* un *contrarius consensus* soumis à la condition du non-payement du prix ; or, en vertu de la règle précitée, le *contrarius consensus* a la force de dissoudre un contrat formé *consensu*, quand il intervient *rebus adhuc integris*, tandis qu'il n'a pas celle de dissoudre un contrat formé *verbis*. La condition résolutoire a donc tout son effet dans la vente, parce qu'elle suppose un mutuel dissentiment conditionnel intervenu entre les parties au moment du contrat, qui se produit quand la condition s'accomplit, et qui a pour effet de dissoudre le contrat formé *solo consensu*.

Quelles sont les conséquences de cette résolution ? Si le contrat n'a pas encore été exécuté, les obligations qu'il avait engendrées sont non avenues, car elles n'ont plus de cause; le vendeur, invoquant la *lex commissoria*, peut repousser l'acheteur qui viendrait demander la chose en offrant le prix. Mais si la tradition a été faite avant l'arrivée de la condition, les effets de la résolution sont plus compliqués. Le vendeur se trouve n'avoir jamais été obligé de livrer la chose , et l'acheteur lui-même est dégagé de son obligation de payer le prix. Mais en même temps naît pour ce dernier une autre obligation, celle de restituer les avantages que lui a procurés le contrat — nous verrons quelle est la source de cette obligation en parlant des actions. — Il doit en premier lieu restituer la chose qui lui a été livrée. Est-ce une retranslation de propriété, ou une simple remise de la possession qu'il a à faire ? C'est une question que nous examinerons bientôt, quand nous nous demanderons si la propriété revient *ipso jure* au vendeur quand la vente est résolue, ou si au contraire elle reste à l'acheteur, sauf pour celui-ci l'obligation de la retransférer au vendeur. Pour le moment, nous avons seulement à voir quelles sont les prestations — *lato sensu* — que doit faire l'acheteur, prestations auxquelles il est obligé, quelle que soit la solution donnée à la question précédente.

Il doit donc restituer la chose, en tenant compte des dégradations qui sont survenues par son fait ou par sa faute (L. 4 pr. Dig., *De leg. com.*), mais non de celles qui sont survenues par cas fortuit. Quand on dit que dans une vente faite sous une *lex commissoria* les risques sont à la charge de l'acheteur (L. 2, Dig., *eod. tit.*), on veut exprimer par là que c'est lui qui sans doute les supportera, parce que le vendeur ne se prévaudra probablement pas de la clause si la chose a péri ou s'est sensiblement détériorée. Mais si ce dernier préfère résoudre la vente, c'est lui qui en définitive supporte les risques, parce qu'il reprend la chose dans l'état où elle se trouve, sauf indemnité si les détériorations proviennent du fait de l'acheteur.

Celui-ci doit, en second lieu, rendre les fruits qu'il a perçus (LL. 4. pr., et 5, Dig., *De leg. com.*). Il a eu le droit de les recueillir *pendente conditione* (L. 2, § 1, Dig., *De in diem add.*, XVIII, 2. — L. 5, Dig., *De leg. com.*) ; mais quand le contrat est résolu, il est considéré comme les ayant perçus sans cause, et ne peut dès lors les conserver.

Enfin il est obligé de tenir compte au vendeur de tous les accessoires de la chose (L. 6, § 1, Dig., *De leg. com.*). Ainsi l'esclave vendu a-t-il été estropié par un tiers ? L'acheteur doit céder l'action de la loi Aquilia qu'il a de ce chef. Le fonds vendu s'est-il accru par alluvion ? Il doit être restitué avec cet accroissement.

Quant au vendeur, il peut avoir reçu, avant l'arrivée de la condition, quelques prestations en vertu du contrat ; est-il tenu de les rendre ? Pour les arrhes, il est certain qu'il n'a pas à les rembourser à l'acheteur (L. 6, pr., Dig., *De leg, com.*). De même il est bien évident qu'il n'a pas à l'indemniser des frais du contrat ou autres dépenses analogues. Mais s'il a reçu une partie du prix, la question de savoir s'il peut, malgré la résolution de la vente, garder ce qui lui a été payé, est plus délicate. En faveur de l'affirmative on invoque la loi 4, § 1 (Dig., *De leg. com.*), d'après laquelle l'acheteur a le droit de conserver les fruits de la chose vendue quand il perd ce qu'il a payé du prix, et la loi 6, pr. (Dig., *eod. tit.*), d'après laquelle le vendeur est autorisé à retenir les arrhes, *vel quod alio nomine datum esset ;* qu'est-ce qui a pu être donné à un autre titre, dit-on, si ce n'est une partie du prix ? Il est juste, ajoute-t-on, que l'acheteur soit puni de la faute qu'il a commise en ne faisant pas honneur à ses engagements. Pour la négative, on dit que les à-comptes versés par l'acheteur se trouvent sans cause entre les mains du vendeur quand la vente est résolue, et doivent par conséquent être rendus (L. 1, § 2. Dig., *De cond. sin. caus.*, XII, 7). La loi 4, § 1 (Dig., *De leg.*

com.) : *interdum fructus emptor lucratur, quum pretium, quod numeravit, perdidit*, peut très-bien s'appliquer à une hypothèse dans laquelle une clause spéciale donne au vendeur le droit de conserver les à-comptes. Quant à la loi 6, pr. (Dig., *eod. tit.*), elle désigne tout ce qui a été donné à propos du contrat, sauf le prix : ce sont, par exemple, les indemnités payées au vendeur pour les frais accessoires qu'il a supportés, comme frais d'acte, frais de délivrance, d'enlèvement, etc. ; ce sont les pots-de-vin, épingles, qu'il est d'usage de donner au vendeur. Enfin on fait remarquer que l'acheteur qui s'est montré moins négligent, et qui a exécuté son obligation en partie, ne doit pas être traité plus rigoureusement que celui qui ne l'a exécuté en aucune façon. (Voët, *ad tit. De leg. com.*, n° 6 ; Molitor, *Des obligations*, t. I, n° 510. — Favre, *Ration. in Pand.*, *ad leg.* 4, § 1, *De leg. com.*).

Pour les intérêts, on admet généralement que ceux de la partie du prix qui a été payée ne doivent pas être rendus. Quant à ceux qui ont pu être reçus séparément, il me semble que les partisans du système qui dispense le vendeur de restituer les à-comptes doivent à *fortiori* lui permettre de conserver les intérêts. Mais on peut dire en sens contraire que puisqu'il profite en définitive des fruits de la chose vendue, il n'est pas équitable qu'il ait le droit de retenir les intérêts du prix.

Doit-il indemniser l'acheteur de ses dépenses nécessaires, et de ses dépenses utiles au moins jusqu'à concurrence de la plus-value ? Cela paraît équitable, à moins qu'on ne dise encore que l'acheteur doit supporter cette perte à titre de peine. Mais ce sont là des questions qui ne sont pas prévues par les textes, et qu'on ne peut guère résoudre à l'aide des principes généraux ; c'est pourquoi je ne me permets pas d'en présenter des solutions.

Il arrivait souvent que les parties inséraient dans la vente faite *sub lege commissoria* cette clause accessoire : *ut si venditor eumdem fundum venderet, quando minoris vendiderit, id a priore emptore exigat* (L. 5, § 1, Dig., *De contr. empt.*, XVIII, 1. — L. 4, § 3, Dig., *De leg. com.*). C'était une clause de revente aux risques et périls du premier acheteur (à sa *folle enchère*, dirions-nous aujourd'hui), pour le cas où il ne payerait pas son prix. Comme ce pacte accessoire était très-usité, on pourrait soutenir qu'il devait toujours être sous-entendu dans les ventes faites *sub lege commissoria*, en vertu de la règle : *ea, quæ sunt moris et consuetudinis, in bonæ fidei judiciis debent venire* (L. 31, § 20, Dig., *De æd. ed.*, XXI, 1). Mais il me paraît difficile de l'admettre ; c'était sans doute une clause fréquemment insérée ; mais elle n'était pas usuelle comme la *stipulatio duplæ*, que l'on avait fini par sous-entendre dans toutes les ventes, et à propos de laquelle Ulpien pose la règle ci-dessus rapportée (Favre, *Rat. in Pand.*, *ad leg. 4, § 3, De leg. com.*). Aussi je pense qu'on ne suppléait pas au silence des parties pour cette clause comme pour la *stipulatio duplæ*.

Nous avons ainsi étudié une conséquence de l'accomplissement de la condition contenue dans la *lex commissoria ;* la vente était résolue, de sorte que l'acheteur était obligé de restituer tous les avantages que lui avait procurés le contrat. Mais cet accomplissement ne produisait-il pas un autre effet? La propriété que le vendeur avait transportée à l'acheteur ne revenait-elle pas *ipso jure* à l'aliénateur à l'arrivée de la condition résolutoire, ou bien restait-elle à l'acquéreur, sauf pour celui-ci l'obligation de la retransférer au vendeur? C'est là une question fort importante, sur laquelle nous devons nous arrêter.

Il faut examiner d'abord en vertu de quel principe la propriété pourrait revenir *ipso jure* au vendeur. Serait-ce parce que, la vente étant résolue, la tradition faite à l'acheteur doit être considérée comme nulle faute de cause? Non, car la tradition a eu une *justa causa;* la juste cause de la tradition n'est autre chose en effet que la volonté réciproque d'aliéner et d'acquérir, qui, dans notre hypothèse, a existé chez les deux parties ; le contrat est plus tard résolu, mais cette volonté n'en a pas moins été efficace, comme dans bien des cas où, sans qu'il y ait eu une *justa causa* de la translation de propriété, la tradition a néanmoins été valablement effectuée et la propriété transférée, parce qu'il y a eu cette intention réciproque dont je parlais tout à l'heure; par exemple, dans le cas où le *tradens* croyait faire une donation, et l'*accipiens* recevoir en vertu d'un *mutuum* (L. 36, Dig., *De acq. rer. dom.*, XLI, 1), l'*accipiens* est devenu propriétaire par la tradition (sauf pour lui l'obligation de faire au premier une rétrocession). Cela revient à dire qu'il ne faut pas confondre la *justa causa* de la translation de propriété avec la *justa causa* de la tradition. (M. Accarias, *Précis de droit romain*, t. I, 2e éd., p. 509.) Or, dans notre hypothèse, la tradition a eu une juste cause, puisque le vendeur a voulu aliéner et l'acheteur acquérir; elle a donc valablement transféré la propriété. — Serait-ce (étant donné qu'il y a eu véritablement transport de la propriété) parce qu'elle se trouve retransférée au vendeur par l'effet de la clause résolutoire contenue dans le contrat; comme elle le serait par une nouvelle tradition ? Non plus, car il est de principe en droit romain que les droits réels se transmettent, non pas par l'effet des conventions, mais par certains modes d'aliéner et d'acquérir reconnus et limités; il est inadmissible qu'une simple clause accessoire d'un contrat ait plus de force à cet égard qu'un contrat même. — Serait-ce enfin parce que la tradition (1), ayant été faite en exécution d'un contrat résoluble sous condition, n'a transféré à l'acheteur qu'une propriété résoluble sous condition, par suite d'un pacte qui a été adjoint tacitement par les parties à ce mode d'acquisition ? Serait-ce parce que la tradition n'a rendu l'acheteur propriétaire que temporairement, jusqu'à l'arrivée de la condition résolutoire ? C'est là le point difficile et discuté, qui se rattache à cette question : *La propriété peut-elle; en droit romain, être transmise* « ad tempus ? » Si l'on admet l'affirmative, on doit reconnaître que le vendeur, quand la condition résolutoire s'accomplit, redevient *ipso jure* propriétaire, sans qu'il ait besoin d'exiger un nouveau transport de propriété.

Il faut signaler l'intérêt qui s'attache, en notre matière, à cette grave question. Si le vendeur rede-

(1) Je parlerai plus tard de la mancipation et de la *cessio in jure.*

vient propriétaire *ipso jure*, il peut agir par la revendication pour reprendre sa chose ; s'il ne le redevient pas, il lui faut recourir à une simple action personnelle tendant à ce que la propriété lui soit transmise. Propriétaire, il se fait restituer sa chose, au besoin *manu militari ;* simple créancier, il n'obtient contre le défendeur, si celui-ci ne veut pas faire spontanément la retranslation de propriété, qu'une condamnation pécuniaire dont le bénéfice doit être à peu près illusoire, étant donné que l'acheteur est insolvable. S'il redevient de plein droit propriétaire à l'arrivée de la condition, il n'a rien à redouter des aliénations ou des droits réels consentis *pendente conditione* sur la chose par l'acquéreur, qui n'a pu transmettre à des tiers des droits plus solides que le sien. Si au contraire la résolution de la vente a seulement pour effet d'obliger l'acheteur à transporter de nouveau la propriété au vendeur, celui-ci doit supporter tous les droits réels acquis par des tiers, *pendente conditione,* sur la chose vendue ; car l'acheteur ne peut lui transmettre plus de droits qu'il n'en a lui-même, et ne peut lui retransférer la propriété s'il l'a déjà aliénée. Enfin nous verrons que la question est encore intéressante à un autre point de vue, quand nous rechercherons si le vendeur a le droit de joindre à sa possession celle de l'acheteur.

La propriété peut-elle donc être transmise *ad tempus* en droit romain ? La réponse à faire doit, à mon avis, être différente suivant les époques. Il me paraît démontré qu'à l'époque classique, la plupart des jurisconsultes n'admettaient pas qu'on pût, en transférant la propriété, la limiter *ab initio* dans sa durée entre les mains de l'acquéreur par un terme ou par une condition résolutoire. Ils considéraient cette restriction née avec l'acquisition comme contraire à l'essence du droit de propriété, qui est un droit absolu sur une chose. Un propriétaire pouvait, il est vrai, faire une tradition sous condition suspensive et n'avoir ainsi qu'une propriété limitée — puisqu'il devait la perdre à l'arrivée de la condition; — mais en agissant de cette manière, il ne faisait qu'exercer son droit; il le restreignait dans sa durée par un acte de disposition qui était justement la manifestation de son droit absolu. Ce qu'on n'admettait pas, c'était qu'une personne pût avoir une propriété dont la durée aurait toujours été limitée entre ses mains. En somme, la plupart des jurisconsultes de l'époque classique adoptaient, je pense, cette opinion, que le droit de propriété n'était pas susceptible d'une acquisition *ad tempus*. C'était là, d'ailleurs, un système qui s'accordait peu avec celui qu'on suivait sur un autre point. Ces mêmes auteurs permettaient de transmettre et d'acquérir une propriété restreinte dans son étendue; ainsi ils reconnaissaient la validité de l'aliénation d'un fonds, avec réserve d'une servitude au profit d'un autre fonds. N'était-ce pas contraire à leur théorie du droit de propriété, droit absolu sur une chose, ne devant pas comporter de restrictions à l'époque de son acquisition? Puisqu'on admettait sans difficulté les limitations apportées *ab initio* à la propriété quant à son étendue, on aurait dû les admettre également quant à sa durée.

Cependant on ne l'entendait pas ainsi; un grand nombre de fragments nous en donnent la preuve. Ce

sont d'abord les lois 12 (Dig., *De cond. caus. dat.*, XII, 4), 35, § 3, et 39 (Dig., *De mort. caus. don.*, XXXIX, 6), etc., qui ne donnent au donateur à cause de mort, en cas de survie, qu'une *condictio*, c'est-à-dire une simple action personnelle tendant à ce que la propriété lui soit transférée; et cependant ce donateur a fait une aliénation en exécution d'une convention résoluble sous condition; par suite, il semblerait que la condition résolutoire dût affecter le transport de propriété même. C'est la loi 3 (Cod., *De pact. int. empt*), qui n'accorde au vendeur, quand il y a *lex commissoria*, que l'action *venditi* pour reprendre la chose vendue, et lui refuse la revendication s'il n'a pas transmis une simple possession précaire à l'acheteur : « Qui eâ lege prædium vendidit, ut nisi reliquum pre-
» tium intra certum tempus restitutum esset, ad se
» reverteretur : si non precariam possessionem
» tradidit, *rei vindicationem non habet, sed actionem*
» *ex vendito.* » C'est le n° 283, *Frag. Vat.*, qui annule la donation à cause de mort contenant une clause de retour *ipso jure* de la propriété au donateur en cas de prédécès du donataire : *cum ad tempus proprietas transferri nequiverit.* C'est enfin la loi 26 (Cod., *De leg.*, VI, 37), qui prouve que le droit classique ne reconnaissait pas la translation de propriété temporaire.

Devant cet ensemble de textes, il est difficile de soutenir qu'à cette époque on pût transmettre une propriété devant cesser de plein droit à l'arrivée d'une condition résolutoire. Mais à côté de ces textes il s'en trouve d'autres dont les solutions sont toutes différentes. La loi 41 (Dig., *De rei vind.*, VI, 1.) donne la revendication à l'acheteur jusqu'à l'arrivée de la condition, quand il y a *addictio in diem*, et la lui retire de plein droit après cette époque; c'est donc qu'il cesse aussitôt d'être propriétaire. La loi 29 (Dig., *De mort. caus. don.*) permet au donateur à cause de mort d'intenter la revendication pour reprendre sa chose, même quand la condition de survie du donataire n'est pas suspensive, mais résolutoire. Les lois 4, § 3 (Dig., *De in diem add.*, XVIII, 2), et 3 (Dig., *Quib. mod. pign.*, XX, 6) déclarent éteints les droits réels consentis par l'acheteur sur la chose vendue sous une clause d'*in diem addictio*, si la condition résolutoire se réalise. Enfin un grand nombre de textes donnent le nom de revendication à l'action intentée par l'aliénateur pour reprendre la chose après l'arrivée de la condition résolutoire (L. 8, Dig., *De leg.com.* — L.14, Dig., *De mort. caus. don.* — L. 4, Cod., *De pact. int. empt.*).

Frappés de ces divergences, les anciens interprètes du droit romain avaient, pour concilier ces décisions contradictoires, imaginé une distinction à propos de l'aliénation faite en exécution d'une vente avec pacte commissoire. La *lex commissoria* était-elle ainsi conçue : *si ad diem pecunia soluta non sit, fundus inemptus sit;* le vendeur, ayant manifesté avec certitude son intention de n'aliéner sa chose que sous la condition résolutoire du non-payement du prix, redevenait *ipso jure* propriétaire à l'arrivée de la condition; on appliquait alors les textes cités plus haut, qui donnent la revendication au vendeur. Au contraire, la clause était-elle conçue en ces termes : *si ad diem pecunia soluta non sit, fundus restituatur,* ou *revertatur;* le vendeur, en employant des locutions aussi vagues, n'avait sans doute pas voulu limiter la durée de la propriété chez l'acquéreur, et s'était réservé seulement le droit d'exercer une simple action personnelle pour demander la retranslation de la propriété ; alors s'appliquait la loi 3 (Cod., *De pact. int. empt.*). C'était la distinction entre les *verba directa* et les *verba obliqua* (Voët, *ad tit. De leg. com.*, n° 2. — Lauterbach, *Conclus. in Pand.*, *h. tit.* — Brunemann, *Comment.*, *ad h. tit.*).

Cependant Cujas et Antoine Favre admettaient franchement que la propriété ne revenait pas *ipso jure* au vendeur ; ils expliquaient les textes qui lui reconnaissent le droit de revendiquer en disant qu'ils prévoyaient l'hypothèse où le vendeur n'a jamais cessé d'être propriétaire, n'ayant livré sa chose qu'à titre précaire. (Cujas, *ad lib.* IV, Cod., *tit.* 54, *De pact int. empt.* — Favre, *Ration. in. Pand.*, *ad leg.* 8, *De leg. com.* — Comp. Noodt., *ad tit. De leg. com.*)

Cette distinction de mots était assez arbitraire ; aussi on s'accorde généralement aujourd'hui à donner une autre explication des divergences qui ont été signalées plus haut. Voici la doctrine d'un grand nombre d'interprètes modernes, que je suivrai en tous points. Il est vrai que la grande majorité des jurisconsultes n'admettait pas le transfert de la propriété *ad tempus;* nous avons vu les textes qui l'établissent. Mais Ulpien, s'appuyant sur l'autorité de Marcellus, admit au contraire dans plusieurs hypothèses que l'aliénateur redevenait de plein droit propriétaire à l'arrivée de la condition résolutoire, et pouvait exercer la revendication au lieu d'une simple action personnelle tendant à ce que la propriété lui fût retransférée ; nous l'avons vu à propos de la donation à cause de mort et de l'*in diem addictio* (L. 41, pr., Dig., *De rei vind.* — L. 4, § 3, Dig., *De in diem add.* — L. 3. Dig., *Quib. mod. pign.* — L. 29, Dig., *De mort. caus. don.*) Mais ce fut là une théorie nouvelle, spéciale à un petit nombre de jurisconsultes, qui ne nous est révélée que par quelques textes d'Ulpien.

Quant aux textes qui n'appartiennent pas à ce jurisconsulte, et qui semblent reconnaître à l'aliénateur le droit de revendiquer la chose après l'accomplissement de l'action résolutoire, il ne faut pas voir en eux une confirmation de cette doctrine d'Ulpien : ils emploient les expressions *vindicare, vindicatio,* dans un sens large qui n'a rien de technique : *vindicare,* dans les lois 8 (Dig., *De leg. com.*) et 4 (Cod., *De pact. int. empt.*), veut dire réclamer en général, poursuivre un droit quelconque (L. 8., *De leg. com.* : L'acheteur n'ayant pas effectué le payement au jour fixé, à cause de l'absence de la venderesse, « quæsi- » tum est, an fundi non sint in ea causa, ut a vendi- » trice *vindicari* debeant ex conventione venditionis.» — L. 4, *De pact. int.* : « Commissoriæ venditionis » legem exercere non potest, qui post præstitutum » pretii solvendi diem, non *vindicationem* rei eligerit, » sed usurarum pretii petitionem sequi maluit.) Ces textes n'ont pas pour objet de déterminer quelle est l'action que peut intenter l'aliénateur, après l'accomplissement de la condition résolutoire, pour reprendre la chose aliénée ; leur portée est tout autre, et les mots *vindicare, vindicatio,* n'y sont employés qu'incidemment ; aussi ne faut-il pas leur donner une importance qu'ils n'ont pas, ni les entendre dans un sens technique qui dénaturerait les décisions renfermées dans les passages précités.

La loi 8, *De leg. com.*, dit : *vindicare ex conventione venditoris* ; n'est-ce pas indiquer que, dans l'espèce, *vindicare* signifie réclamer en général, et non pas revendiquer comme propriétaire? Car le vendeur, s'il redevenait propriétaire à l'arrivée de la condition, ne revendiquerait pas en vertu de la convention, mais en vertu de son droit de propriété; c'est seulement une action personnelle que peut donner une convention. De même le mot *vindicatio* de la loi 4, au Code, ne doit pas signifier revendication, car ce texte suit immédiatement une autre constitution du même prince, rapportée plus haut, d'après laquelle le vendeur n'a pas la revendication. Enfin pour la loi 14 (Dig., *De mort. caus. don.*), qui emploie l'expression *vindicare* à propos de l'action intentée par le donateur à cause de mort pour reprendre le fonds donné, il faut observer qu'elle est de Julien, qui certainement n'admettait pas le retour *ipso jure* de la propriété à l'aliénateur quand la condition résolutoire s'accomplissait, car il lui donnait une action personnelle, une *condictio*, pour réclamer la rétrocession (L. 4, Dig., *De don. int. vir.*, XXIV, 1.— L. 19, Dig., *De mort. caus. don.*). Il est probable que la loi 14 a en vue une donation à cause de mort sous condition suspensive (M. Bufnoir).

(Voyez sur cette question : Pellat, *Principes de la propriété en droit romain*, p. 274 et s. ; Blondeau, *Chrestomathie*, éd. Giraud, p. 457 ; Vernet, *Textes choisis sur les oblig.*, p. 138 et s. ; MM. Bufnoir, *Théorie de la condition*, p. 136 et s. ; Demangeat,

Cours de droit romain, 2° éd., t. I, p. 505 et 506 ; t. II, p. 313 ; Accarias, *Précis*, t. I, p. 725 et s. (2° éd.) ; t. II, p. 469 et 470. — Comp. : Maynz, t. I, nᵒˢ 164 et 180, 3° ; t. II, nᵒˢ 280 et 320, 3, note 12 ; de Vangerow, *Lehrbuch*, t. II, n° 96.)

Je pense donc qu'à l'époque classique on n'admettait généralement pas le transport de la propriété *ad tempus*. Ainsi lorsque le vendeur, dans l'hypothèse d'une *lex commissoria*, avait transmis ses droits à l'acheteur, la condition résolutoire qui affectait le contrat n'affectait pas l'aliénation ; l'acheteur restait propriétaire malgré l'accomplissement de la condition, mais alors il était obligé de retransférer au vendeur la propriété de la chose vendue. Mais nous savons qu'Ulpien avait une théorie opposée, dont il a exposé les conséquences à propos de la donation *mortis causâ* et de l'*in diem addictio*. L'appliquait-il également à l'aliénation faite en exécution d'une vente avec pacte commissoire ? Nous n'en avons pas de preuve certaine ; mais il est permis de le penser. Ulpien, il est vrai, ne devait pas généraliser sa doctrine ; il paraît en effet certain qu'il ne l'étendait pas au cas de constitution de dot pure et simple antérieure au mariage, et qu'il n'admettait pas que le futur mari cessât de plein droit d'être propriétaire quand le mariage venait à se rompre (L. 9, pr., Dig., *De jur. dot.*, XXIII, 3). Mais en se fondant sur les solutions qu'il donne dans l'hypothèse d'une *addictio in diem*, il est permis de dire par analogie qu'il devait donner les mêmes dans l'hypothèse d'une *lex commissoria*, qui offre avec la première des similitudes frappantes.

Sous Justinien, il paraît démontré que le transport d'une propriété temporaire était autorisé d'une manière générale. La loi 26 (Cod., *De leg.*, VI, 37), qui est de ce prince, s'exprime ainsi : « Cum enim » jam constitutum sit, fieri posse temporales dona- » tiones et contractus : consequens est etiam legata » et fideicommissa, quæ ad tempus relicta sunt, ad » eamdem similitudinem confirmari. » La loi 2 (Cod., *De don. quæ sub mod.*, VIII, 55) est surtout remarquable : elle permet de faire une translation de propriété *ad tempus certum vel incertum* en exécution d'une donation *mortis causâ*, de telle sorte que la propriété revienne de plein droit au donateur après la mort du donataire; or cette constitution est sans doute la même que celle qui est rapportée au n° 283, *Fr. Vat.*, sous le nom du même empereur Dioclétien, à la même date et dans des termes à peu près identiques. Mais le n° 283 *Fr. Vat.* donne une solution diamétralement opposée à celle de la loi 26; c'est donc que Justinien a retouché la constitution de Dioclétien et l'a accommodée à la nouvelle doctrine, tout en conservant scrupuleusement le nom du prince et la date qui s'y trouvaient. Le Code nous offre plusieurs exemples de ces remaniements. On est donc autorisé à dire que sous Justinien la théorie d'Ulpien avait prévalu et qu'elle avait même été généralisée et étendue à tous les cas où la volonté, de la part de l'aliénateur, de faire un transport de propriété *ad tempus*, était certaine.

Résumons-nous à propos de la *lex commissoria* sur ces divergences et ces variations. A l'origine, la tradition faite en exécution d'une vente contenant cette clause transmettait à l'acheteur une propriété sans restriction dans sa durée, sauf pour lui l'obligation de la retransférer au vendeur si la condition résolutoire du contrat s'accomplissait. Mais une nouvelle doctrine, soutenue, à notre connaissance, par deux jurisconsultes seulement, Marcellus et Ulpien, fit son apparition : la propriété put être transmise *ad tempus* et la condition résolutoire de la convention put affecter la translation de propriété faite en exécution de cette convention. Appliquant cette théorie à la vente, on dut admettre que, dans l'hypothèse d'une *lex commissoria*, le vendeur, en faisant tradition, ne transmettait qu'une propriété temporaire devant s'éteindre pour l'acheteur et revenir de plein droit au vendeur, si le prix n'était pas payé. Il y avait là un pacte adjoint à la tradition, exprimé ou sous-entendu (l'aliénation étant faite en exécution d'un contrat résoluble), qui produisait tous ses effets. Enfin il n'est guère douteux que ce système fut définitivement consacré par Justinien, et que le vendeur, en invoquant la *lex commissoria*, fut sans contestation autorisé à agir par la revendication pour se faire restituer la chose vendue, et à faire tomber les aliénations et constitutions de droits réels que l'acquéreur avait pu consentir sur elle, *pendente conditione.*

Dès lors, peu importe au vendeur l'insolvabilité de l'acheteur; son droit de propriété lui donne un droit de préférence qui lui permet de reprendre sa chose sans avoir à subir sur elle le concours des créanciers de l'acheteur, qu'il aurait à subir s'il n'avait qu'une action personnelle en restitution. Peu lui importe qu'un tiers, dans un procès contre l'acquéreur, ait

fait reconnaître à son profit un droit réel sur la chose;
ce qui est jugé contre l'acheteur ne l'est pas contre
lui. Peu lui importe que celui-ci ait affranchi l'esclave
vendu ; l'affranchissement tombe à l'arrivée de la
condition. En un mot, son droit de propriété le met
à l'abri de tous les dangers auxquels il serait exposé
s'il n'avait qu'un droit de créance.

Est-il permis de dire, avec la doctrine d'Ulpien, que
le vendeur peut, par une mancipation ou une *cessio in
jure*, transférer une propriété résoluble sous condition? Sans doute, car si on ne l'admettait pas à l'é-
poque classique, ce n'était pas parce que ces modes
d'acquisition, étant *actus legitimi*, ne comportaient
pas l'insertion d'un terme ou d'une condition (L. 77,
Dig., *De reg. jur.* L., 17), c'était parce que la propriété
n'était pas susceptible de transmission *ad tempus*. Ce
qui le prouve, c'est que la *cessio in jure* pouvait parfaitement servir à constituer un usufruit *ad certum
tempus* (*Fr. Vat.*, n° 48), et que la tradition, qui pour-
tant comportait par sa nature toute espèce de modalités, était impuissante à transférer la propriété avec
apposition de *dies ad quem* ou de condition *ad quam*.
Ces modalités n'étaient pas contraires à l'essence de
la mancipation et de l'*in jure cessio* comme le *dies a
quo* ou la condition *ex quâ*, car elles n'étaient pas en
contradiction avec l'affirmation d'un droit certain et
actuel faite par l'acquéreur; elles étaient seulement,
dans l'opinion des jurisconsultes, contraires à la
nature du droit de propriété. Par conséquent, dès que
la propriété put être transférée *ad tempus*, elle put
l'être sous cette restriction par la mancipation et l'*in
jure cessio* aussi bien que par la tradition.

Si la propriété revient de plein droit au vendeur quand la condition résolutoire contenue dans la *lex commissoria* se réalise, ce n'est pas, je pense, avec rétroactivité. La propriété a été transférée *ad tempus*, jusqu'à l'arrivée d'une condition; l'acheteur a donc été légitime propriétaire jusqu'à cette époque. Plusieurs textes prouvent que le vendeur ne doit pas être considéré comme l'ayant été dans cet intervalle. Ainsi la loi 3 (Dig., *Quib. mod. pign.* XX, 6) dit, à propos de l'*addictio in diem* que si la condition résolutoire se réalise, le droit de gage constitué par l'acquéreur s'éteint: *finitur pignus*; il n'est pas résolu, il est éteint; c'est donc qu'il a été valablement constitué. La loi 4, § 3 (Dig., *De in diem. add.*, XVIII, 2) est encore plus formelle; après avoir donné la même solution que la loi 3 (Dig., *De quib. mod.*) — *res pignori esse desinit*, — elle ajoute: *Ex quo colligitur, quod emptor medio tempore dominus esset: alioquin nec pignus teneret* Ce passage démontre d'une manière irréfutable que l'acheteur a été propriétaire dans l'intervalle et que sa propriété n'est pas résolue rétroactivement à l'arrivée de la condition.

On oppose la loi 9, pr., Dig. (*De aq. et aq.*,XXXIX, 3), d'après laquelle le consentement du vendeur et celui de l'acheteur sont requis à la fois pour la constitution, *pendente conditione*, d'une servitude sur le fonds vendu, dans l'hypothèse d'une *addictio in diem*; pour qu'il soit certain à tout événement, est-il dit dans ce fragment, que la servitude a été constituée avec l'assentiment du propriétaire. C'est donc, dit-on, que la propriété revient rétroactivement au vendeur, sinon son consentement ne serait pas exigé; il serait nul et superflu, le vendeur n'étant pas propriétaire et ne devant jamais être considéré comme l'ayant été à cette époque.

Ce texte ne doit pas nous embarrasser, ni prévaloir sur ceux que j'ai cités plus haut, si formels et si précis. Il appartient à un jurisconsulte qui n'admettait en aucune façon le retour *ipso jure* de la propriété à l'aliénateur à l'arrivée d'un terme ou d'une condition résolutoire ; il appartient au jurisconsulte Paul, qui, dans la loi 39, Dig. (*De mort. caus. don.*, XXXIX, 6), reconnaît seulement au donateur à cause de mort le droit de demander par la *condictio* la retranslation de propriété en cas de prédécès du donataire. Il ne peut donc appuyer le système du retour rétroactif de la propriété. La loi 9, *De aq. et aq.*, s'applique sans doute à l'hypothèse d'une vente avec *addictio in diem* sous condition suspensive.

Plusieurs conséquences découlent de cette donnée. Le vendeur ne devant jamais être considéré comme ayant été propriétaire dans l'intervalle qui s'écoule entre la tradition et l'arrivée de la condition résolutoire, ne peut, pendant ce laps de temps, aliéner ni grever la chose vendue de droits réels ; ces actes de disposition ne seraient pas validés rétroactivement par le retour de la propriété. Il ne peut, après l'accomplissement de la condition, exercer les actions nées à l'occasion de la chose *pendente conditione*, comme les actions *furti*, *legis Aquiliæ*, etc., sans une cession faite par l'acheteur, qui du reste est obligé de la faire. La servitude active acquise par ce dernier au profit du fonds vendu subsiste malgré la résolution de la vente. Mais quant aux droits réels que l'acheteur a consentis sur la chose, quant aux aliénations qu'il en a faites, le vendeur n'a pas à en souffrir, même dans le système de la non-rétroactivité du retour de la propriété. Ce n'est pas par application de la règle : *Resoluto jure dantis, resolvitur jus accipientis*, mais de la règle : *Nemo plus juris in alium transferre potest, quam ipse habet*, que j'aboutis à cette solution. La seule différence qui existe sur ce point entre les deux théories, c'est que dans l'une les droits conférés à des tiers par l'acquéreur n'ont jamais été valables, tandis que dans l'autre ils ont existé jusqu'à l'arrivée de la condition résolutoire. Ainsi, dans le système que j'ai adopté, ils s'éteignent à ce moment parce que l'acheteur, qui n'avait qu'un droit de propriété temporaire, n'a pu conférer que des droits temporaires : *res pignori esse desinit*, dit la loi 4, §3 (Dig., *De in diem add.*).

Une autre question s'est élevée : supposons qu'une personne a vendu sous une *lex commissoria* une chose dont elle croyait être propriétaire; elle en a fait à l'acheteur une tradition qui aurait été translative de propriété si elle avait été propriétaire; puis, l'acheteur ne payant pas, elle invoque la *lex commissoria* et reprend la possession de la chose. Peut-elle, en supposant que l'acheteur ait été lui-même de bonne foi, joindre la possession de celui-ci à la sienne propre pour arriver à parfaire l'usucapion? C'est là une question qu'il faut, je crois, résoudre d'une manière différente selon les époques. A l'époque classique, alors que le vendeur ne redevenait propriétaire, après l'accomplissement de la condition résolutoire, que par une rétrocession, on admettait certainement l'*accessio possessionum* dans notre hypothèse (L. 19, Dig., *De usurp. et usuc.*, XII, 3). La tradition refaite par l'acheteur au vendeur aurait rendu ce dernier propriétaire si le *tradens* l'avait été ; le vendeur était alors véritablement l'ayant-cause de l'acheteur, tout comme l'acheteur avait été son ayant-cause après avoir été mis par lui en possession en exécution de la vente. Mais quand on reconnut que le vendeur redevenait de plein droit propriétaire à l'arrivée de la condition résolutoire, il me semble qu'on ne dut plus admettre l'*accessio possessionum* dans cette hypothèse. En effet le vendeur, dans la nouvelle doctrine, rentrait dans ses droits *ipso jure* ; il ne les tenait plus de l'acheteur, puisque celui-ci n'avait rien à lui retransférer: Dès lors, on ne pouvait plus considérer le vendeur remis en possession comme l'ayant cause de l'acheteur; on ne pouvait plus, comme le fait Javolenus dans le texte précité, assimiler la vente ainsi résolue à la vente résolue pour vice rédhibitoire de la chose, pour laquelle on n'a jamais admis que le vendeur redevînt propriétaire sans une rétrocession. Mais peut-être le vendeur avait-il encore la faculté d'invoquer les anciens principes, et de se faire ainsi considérer comme l'ayant-cause de l'acheteur. L'insertion au Digeste des fragments relatifs à l'ancienne doctrine semblerait indiquer qu'elle n'avait pas été mise complétement à l'écart, mais qu'elle pouvait encore trouver des applications, quand l'aliénateur y avait intérêt, comme dans l'espèce. C'est là du reste un point assez problématique, sur lequel il est difficile de poser des affirmations absolues.

IV. — VOIES DE RESTITUTION.

A l'origine, le vendeur, faisant valoir la *lex commissoria*, eut sans doute, pour exiger que la propriété lui fût retransférée, une *condictio sine causa* ; en effet, le contrat qui avait motivé le transport de propriété à l'acheteur étant résolu, la cause de l'acquisition faisait défaut, de sorte que l'acquéreur était obligé, *quasi ex contractu*, de transmettre de nouveau au vendeur un droit dont il était investi sans cause (L L. 1, §§ 3 et 4, Dig., *De cond. sin. caus.*, XII, 7). Aucun texte ne donne la *condictio* au vendeur comme au donateur à cause de mort, mais aucun ne la lui refuse, et les principes généraux du droit en cette matière nous permettent de penser qu'il avait le droit de l'exercer : « constat id demum posse condici alicui, quod vel » non ex justa causa ad eum pervenit, vel redit ad » non justam causam. » Le silence des textes sur ce point s'explique par cette raison que le vendeur pouvait demander la restitution par d'autres actions personnelles qu'il devait préférer à la *condictio*, actions dont parlent les jurisconsultes quand ils s'occupent de la matière, tandis que le donateur à cause de mort, auquel nous voyons la *condictio* expressément accordée, n'avait sans doute, ou au moins n'a eu longtemps à sa disposition que cette action parmi les actions personnelles.

La *condictio*, action de droit strict qui n'était pas fondée sur la convention des parties, ne permettait pas au vendeur de demander des dommages-intérêts pour l'inexécution du contrat et pour tout ce qui s'y rattachait. Ainsi le vendeur ne pouvait réclamer par la *condictio* le payement de la différence existant entre le prix de la revente et celui de la première vente, payement auquel il avait droit, quand par une clause spéciale l'acheteur avait consenti à ce que la chose fût revendue à ses risques et périls s'il ne payait pas. Aussi d'autres voies de restitution lui étaient-elles ouvertes, lui offrant des avantages bien plus grands que la *condictio*. Mais les jurisconsultes n'étaient pas d'accord sur l'action qu'il fallait lui donner (L. 4, pr., Dig., *De leg. com.*) Les uns, sans doute les Sabiniens, lui donnaient l'action *venditi*, parce que la *lex commissoria*, étant un pacte adjoint à la vente, devait emprunter l'action du contrat principal pour la sanction des obligations qu'elle faisait naître quand elle entraînait la résolution de la vente (L. 5, *ad Sabinum*, § 1, Dig., *De contr. empt.*, XVIII, 1). Les Proculiens, au contraire, ne reconnaissaient pas au vendeur le droit d'exercer l'action *venditi* pour demander la restitution. En effet, disaient-ils, la vente, étant résolue, ne peut plus donner naissance à aucune action : il serait bizarre que ce fût justement l'exercice de l'action du contrat qui servît à le résoudre. Mais, ajoutaient-ils, le vendeur a une autre ressource. En faisant tradition de la chose vendue *sub lege commissoria*, il a fait une dation avec pacte adjoint ; il a formé un contrat innommé, *do ut des*, car il a effectué une dation sous la condition que la propriété lui serait retransférée si la condition s'accomplissait. Dès lors, il a l'action *præscriptis verbis* pour demander à l'autre partie, quand la condition s'est réalisée, qu'elle exécute l'obligation née de ce contrat innommé et qu'elle fasse la rétrocession qui lui a été imposée par le pacte adjoint à la dation. Cependant les Sabiniens maintenaient leur opinion : la vente, disaient-ils, subsiste encore en quelque chose ; les parties ont entendu que le vendeur ne serait plus obligé envers l'acheteur si le prix n'était pas payé au jour fixé, mais non pas que toute obligation née du contrat serait dissoute ; or, dans un contrat de bonne foi tel que la vente, il faut plutôt s'en tenir aux intentions qu'aux paroles des contractants ; on peut donc dire que c'est en vertu du contrat lui-même — auquel se rattache la *lex commissoria* — que l'acheteur est obligé de faire la retranslation de propriété au vendeur non payé ; dès lors, rien ne s'oppose à ce que celui-ci puisse employer l'action *venditi* pour demander cette rétrocession et les prestations accessoires auxquelles il a droit. Cette doctrine est une manifestation de la répugnance des Sabiniens à admettre l'action *præscriptis verbis* et de leur tendance à étendre l'application des actions des contrats reconnus par le droit civil.

Il faut d'ailleurs reconnaître que, dans cette controverse, les Proculiens étaient beaucoup plus logiques que leurs adversaires ; en effet, il était difficile de donner au vendeur une action fondée sur le contrat quand par l'exercice même de cette action, il montrait sa volonté de se prévaloir du pacte commissoire et opérait ainsi la résolution de ce contrat. Néanmoins, comme l'obligation de restituer après l'arrivée de la condition semblait bien dériver de la *lex commissoria*, pacte adjoint à la vente, il ne faut pas s'étonner que l'action *venditi* ait été accordée au vendeur pour ré-

rence attachés à la propriété dont il est investi de plein droit.

Au surplus, les actions personnelles *venditi* et *præscriptis verbis* ne lui sont pas refusées, car leur principe n'est pas détruit par la théorie nouvelle ; l'obligation de restituer née du contrat de vente ou du pacte adjoint à la dation subsiste toujours. Mais ce ne sera plus, comme dans le premier état du droit, la retranslation de la propriété que le vendeur demandera par cette voie ; ce sera simplement la remise de la chose et de ses accessoires. Quant à la *condictio*, elle ne doit plus lui être donnée, car elle ne peut être intentée par un propriétaire ; c'est en effet une action par laquelle on demande une translation de propriété. Les actions *venditi* et *præscriptis verbis*, au contraire, peuvent être exercées aussi bien par le propriétaire pour réclamer la remise de la possession de sa chose que par un non-propriétaire pour demander une transmission de propriété. Le vendeur a donc, même dans la nouvelle doctrine, le droit de les exercer. Du reste il préférera le plus souvent agir par la revendication ; les actions *in personam*, devant aboutir forcément à une condamnation pécuniaire si l'acheteur ne peut ou ne veut pas restituer spontanément, ne présentent pas pour lui grand intérêt, son adversaire étant sans doute insolvable. De plus, c'est seulement par l'action réelle qu'il a le moyen d'atteindre les tiers acquéreurs et de faire tomber les droits réels dont la chose a pu être grevée depuis l'aliénation.

Cependant les actions *in personam* ont encore pour lui quelqu'utilité. Il y trouve d'abord l'avantage de n'avoir pas à prouver son droit de propriété pour obtenir

contre l'acheteur une condamnation ; il a seulement
à établir l'existence de la *lex commissoria* adjointe à
la vente. Mais cet intérêt, déjà considérable, n'est pas
le seul que présente pour le vendeur la faculté d'agir
par les actions personnelles. La propriété ne revenant
pas rétroactivement au vendeur, le juge de la revendication, dont l'office n'embrasse pas les faits anté-
rieurs à la naissance du droit, n'a pas qualité pour
statuer sur les indemnités et restitutions dont la source
remonte à une époque antérieure à l'arrivée de la
condition résolutoire ; c'est seulement par les actions
personnelles que le vendeur peut s'en faire tenir compte.
Ainsi il n'est pas autorisé à revendiquer les fruits perçus par l'acquéreur *pendente conditione*, depuis la tradition ; l'acheteur, qui les a légitimement acquis, en
reste propriétaire malgré l'accomplissement de la
condition résolutoire, parce qu'il les a perçus comme
propriétaire du sol et que cette qualité n'est pas effacée
rétroactivement en sa personne. Le vendeur peut donc
seulement demander soit par la *condictio* (arg. L. 12,
Dig., *De cond. caus. dat.*, XII, 4), soit par l'action
venditi, soit par l'action *prœscriptis verbis*, que la propriété lui en soit transmise.

Un autre point de vue est encore à signaler. Le
vendeur peut n'avoir pas été propriétaire au jour de
la tradition ; dans cette hypothèse, plusieurs cas sont
à examiner. Supposons d'abord que l'acheteur, à
l'époque de l'accomplissement de la condition résolutoire, n'est encore qu'un simple possesseur : dans
cette circonstance, il est bien évident que le vendeur
ne peut pas demander par la revendication la restitution de la chose vendue; pour lui, il n'y a de ressource

possible que dans les actions personnelles. Il en serait ainsi, je pense, même si l'acheteur, mis en possession au moyen d'une tradition qui l'aurait rendu propriétaire si son auteur l'avait été, avait usucapé *pendente conditione* ; le vendeur ne deviendrait pas *ipso jure* propriétaire à l'arrivée de la condition résolutoire, car la résolution du contrat ne peut avoir pour effet de l'investir d'un droit qu'il n'a jamais eu ; là encore, les actions *in personam* lui seront fort utiles, pour demander à l'acheteur la translation de la propriété que celui-ci a acquise par usucapion.

Une dernière hypothèse est à prévoir : le vendeur non-propriétaire a fait une tradition soumise à la condition tacite de payement du prix ; dans ce cas, il n'a pas, selon moi, cessé de posséder, l'acheteur, simple détenteur sans *animus domini*, n'ayant été que l'instrument de sa possession. Dès lors, il peut avoir usucapé *pendente conditione* par l'entremise de ce dernier. Dans cette situation, étant devenu propriétaire, il a le droit d'exercer la revendication contre l'acheteur, s'il n'est pas payé (1) ; le rôle des actions personnelles est effacé.

Nous connaissons le système du droit romain sur la résolution de la vente pour défaut de payement du prix ; nous pouvons maintenant en constater les vices. A l'égard de l'acheteur, il était fort rigoureux, ainsi que j'ai déjà eu occasion de le signaler. Aucune sommation ne précédait l'exercice du droit de résolution,

---

(1) Remarquons ici qu'il aurait ce droit même si la condition résolutoire contenue dans la *lex commissoria* n'était pas accomplie ; car il n'a pas entendu rendre l'acheteur propriétaire avant le payement du prix.

quand la *lex commissoria* contenait l'indication d'un terme ; le vendeur pouvait laisser son débiteur dans une sécurité dangereuse jusqu'à l'échéance, et venir ensuite invoquer contre lui le pacte commissoire, après l'avoir trompé par son silence sur ses véritables intentions. Il n'avait pas, comme chez nous, à demander à la justice la résolution du contrat ; il le résolvait lui-même, par une simple manifestation de volonté. Aucun moyen n'était donné à l'acheteur pour éviter la déchéance qu'il avait encourue, si le vendeur voulait se prévaloir de son droit. Avait-il acquitté une partie de sa dette ; demandait-il un délai modéré pour le payement du reste ? Le vendeur pouvait le lui refuser et poursuivre l'exercice de son droit, sans égard à la bonne foi de son débiteur. Aujourd'hui, l'acheteur n'est plus ainsi à la merci de son créancier ; la justice, à qui ce dernier doit s'adresser pour faire résilier le contrat, à la faculté d'accorder un délai à l'acquéreur, si celui-ci lui paraît digne de cette faveur, et de ne prononcer la résolution qu'après l'avoir mis à même de satisfaire à ses engagements.

A l'égard du vendeur, la législation romaine était incomplète ; elle ne lui donnait le droit de résolution que s'il se l'était expressément réservé. Le Code civil, au contraire, sous-entend dans la vente — comme dans tout autre contrat synallagmatique — une condition résolutoire pour le cas où l'une des deux parties n'exécuterait pas son obligation. Il est équitable que le vendeur ne soit pas tenu d'observer le contrat quand l'acheteur ne l'observe pas.

C'est surtout à l'égard des tiers que le système du droit romain était défectueux. Nous savons que, dans le dernier état de la législation, l'acquéreur cessait de plein droit d'être propriétaire à l'arrivée de la condition résolutoire; aussitôt tombaient également tous les droits qu'il avait pu consentir à des tiers sur la chose vendue. Les intérêts du vendeur étaient ainsi fort bien protégés; mais ceux des tiers l'étaient beaucoup moins. Rien ne les avertissait du danger qu'ils couraient en traitant avec l'acheteur; la résolution du droit de leur auteur les atteignait sans qu'ils aient eu le moyen de le prévoir. C'était là un système destructif de tout crédit et de toute confiance : comment consentir à traiter avec une personne, quand on n'est pas sûr de la solidité des droits qu'elle peut vous conférer? Le législateur français a compris la nécessité de soumettre le droit de résolution du vendeur à la publicité; aujourd'hui, les tiers n'ont plus à redouter l'exercice de l'action résolutoire, si rien ne leur en a révélé l'existence. Il y a là un progrès considérable sur la législation romaine, qui ne connaissait pas le régime bienfaisant de la publicité, si nécessaire au développement du crédit et de la circulation des biens.

DROIT FRANÇAIS

Du privilége du vendeur d'immeubles.

ANCIEN DROIT

Le droit romain ne donnait au vendeur aucune sûreté quand il avait fait crédit à l'acheteur : *si quidem in creditum ei abiit, tributio locum habebit.* Cessant d'être propriétaire en faisant la tradition, il était un simple créancier chirographaire, sans aucun droit sur le bien qu'il avait fait entrer dans le patrimoine de l'acquéreur, s'il n'avait pas eu soin de le conserver en gage ou de se faire donner une hypothèque sur lui. C'était là une lacune dans la législation romaine ; notre ancienne jurisprudence réalisa un grand progrès sur ce point. Tout en maintenant les principes du droit romain au sujet de la propriété conservée après la tradition au vendeur non payé, elle posa, après bien des tâtonnements et des variations, cette nouvelle règle que le vendeur, quand il cesse d'être propriétaire en livrant la chose, acquiert aussitôt sur elle, de plein droit, un privilége garantissant le recouvrement de sa créance. Pour suivre le développement de cette idée et les progrès de cette jurisprudence, il faut se placer successivement dans les pays de droit écrit et les pays de coutumes.

Pays de droit écrit. — Dans cette région le droit romain, sauf certaines modifications dues à l'influence des coutumes, était encore en pleine vigueur. Cependant la jurisprudence y donna assez vite un privilége au vendeur d'immeubles qui, ayant fait crédit à l'acheteur, lui avait transféré la propriété en lui faisant tradition. Il est assez bizarre de voir que c'est dans le droit romain lui-même qu'elle en trouva la source. Par une singulière déviation de sa destination primitive, le précaire, appliqué à la vente, n'était plus, dans ces contrées, une concession de la possession de la chose vendue faite à l'acheteur par le vendeur resté propriétaire ; c'était une clause par laquelle le vendeur, cessant d'être propriétaire, se réservait sur la chose une hypothèque spéciale et privilégiée qui lui garantissait le payement du prix. « Ainsi faut-il
» avoüer que son effet n'est pas d'empescher la trans-
» lation de la propriété et de la possession civile, et de
» les tenir en surséance jusques à l'entière satisfaction
» du prix ; mais bien d'acquérir au vendeur pour
» sa sûreté une hypothèque spéciale, et privilégiée,
» qui luy donne droit de saisir, et de mettre en
» criées la chose vendüe, séparément des autres
» biens de son débiteur, pour les deniers qui pro-
» viendront de cette vente judiciaire, être payé de
» ce qui luy est dêu par préférance à tous créan-
» ciers. » (Simon d'Olive, *Quest. not.*, l. II, ch. 17).
Cette clause donnait au vendeur le droit de préférence

sur les créanciers chirographaires et hypothécaires
de l'acheteur, et le droit de suite contre les tiers acquéreurs. Le parlement de Toulouse, mû, dit Simon d'Olive.
(l. IV, ch. 10), par l'équité naturelle, qui ne souffre
pas que le vendeur demeure privé de la chose et du
prix, finit par la sous-entendre dans toutes les ventes
d'immeubles, qui sont ordinairement plus importantes que les autres. (Arrêts : de 1577, rapporté par
Maynard, *Questions notables*, liv. II, ch. 45 ; du
13 sept. 1608, rapporté par Despeisses, tit. 1, sect. 4,
n° 2 ; du 27 mars 1630, rapporté par Brodeau, *sur
Louët*, P., 19, 19). La clause était sans doute devenue
de style.

On voit combien cette institution différait du précaire usité à Rome, par lequel le vendeur n'acquérait
pas une hypothèque privilégiée, mais retenait la propriété même, tout en transmettant la possession. Dans
les pays de droit écrit, le vendeur qui avait suivi la
foi de l'acheteur lui transférait bien la propriété par
la tradition, mais il acquérait aussitôt un privilége sur
la chose vendue ; en conséquence il ne pouvait, quand
elle était saisie, en demander la distraction, mais il se
faisait payer le premier sur le prix de l'adjudication.
Ce fut la coutume qui opéra cette transformation du
précaire ; quant au nom, il resta et finit par désigner
le privilége accordé de plein droit au vendeur d'immeubles.

La même garantie fut longtemps refusée au vendeur de meubles ; on la considérait comme contraire
aux intérêts du commerce, qu'elle aurait entravé ;
d'ailleurs les ventes de meubles étaient bien moins
importantes que les autres, de sorte qu'il était moins

nécessaire d'y donner au vendeur une sûreté solide. (Arrêt de juin 1577). On suivait à leur égard la pure théorie romaine. Mais à une certaine époque, sans doute sous l'influence du droit coutumier, on accorda au vendeur de meubles un privilége qui lui donnait le droit de préférence sans le droit de suite. (Arrêt du 12 sept. 1628, Simon d'Olive, *op. et loc. cit.*; Despeisses, tit. 1, sect. 4, n° 2).

Pays de coutumes. — Les principes y étaient tout différents : la Coutume de Paris donnait au vendeur de meubles un privilége — sans droit de suite — quand il avait fait crédit à l'acheteur ; mais elle était muette sur le compte du vendeur d'immeubles. Pourquoi cette différence ? C'est sans doute parce qu'un meuble n'étant pas susceptible d'hypothèque, le vendeur à crédit n'aurait pu acquérir aucun droit sur lui si on ne lui avait pas accordé un privilége ; tandis qu'il était toujours facile à celui qui vendait un immeuble de se faire consentir sur lui une hypo-thèque, d'autant plus que le contrat lui-même donnait une hypothèque générale quand il était notarié ; la Coutume pouvait donc sans grand inconvénient ne pas s'en occuper. Cependant là encore la jurisprudence vint suppléer à l'insuffisance du droit. Après de nombreuses variations, le Parlement de Paris, faisant prévaloir l'équité sur la subtilité du droit, finit par admettre définitivement l'hypothèque tacite privilégiée du vendeur d'immeubles. (Arrêts de 1592, 1593, et du 14 mai 1608, *contre*; de 1588, 1598, du 28 mai 1599, de 1621, 1660 et 1779, *pour*. — Basnage, *Des hyp.*, p. 334 ; Brodeau, *sur Louët, loc. cit.*; Despeisses, *loc. cit.*; Ferrières, *sur l'art. 176 de la*

Coutume de Paris, n₀ 33, et *sur l'art.* 177, n° 5.)

Le Parlement de Grenoble, après quelques décisions contraires, ceux de Provence et de Normandie, adoptèrent la même jurisprudence, qui devint à peu près générale.

Le privilége du vendeur d'immeubles garantissait tant le payement des intérêts que celui du capital. Il donnait un droit de préférence et un droit de suite, et procurait ainsi la plus grande sécurité au créancier. Mais il présentait aussi de graves inconvénients, en ce qu'il était occulte et qu'il atteignait les tiers acquéreurs sans que ceux-ci eussent pu le connaître. La loi du 11 brumaire an VII, qui posa les bases de notre régime hypothécaire actuel, le soumit à une inscription destinée à le rendre public, et réalisa ainsi un véritable progrès. Cette inscription est restée nécessaire sous l'empire de la législation qui nous régit.

Dans l'ancien droit, comme en droit romain, celui qui avait vendu sa chose sans terme en conservait la propriété après l'avoir livrée, jusqu'au payement du prix, et pouvait la poursuivre entre les mains de qui que ce fût, même si elle était mobilière (art. 176 *Cout. de Paris*).

Quant au droit de résolution, il fut, à partir d'une certaine époque, accordé de plein droit au vendeur (Pothier, *De la vente,* n° 475 — Domat — Bourjon, etc.)

PRÉLIMINAIRES.

Les garanties données aujourd'hui au vendeur par notre législation sont bien différentes de celles qui lui étaient accordées par le droit romain. Un principe nouveau a été consacré, le principe de la translation de la propriété par l'effet des conventions. On sait qu'à Rome la vente, par elle-même, était simplement productive d'obligations, et non translative de propriété. Aujourd'hui il n'en est plus de même : le Code civil, répudiant les traditions du droit romain et de l'ancien droit sur ce point (1), a posé dans l'article 1138 la théorie toute nouvelle de la transmission des droits réels par le seul effet des conventions, *nudo consensu*, sans le secours de la tradition. La vente, dès qu'elle est conclue, investit immédiatement l'acheteur des droits que lui cède le vendeur. Ce dernier n'a donc plus, comme autrefois, la garantie que lui donnait son droit de propriété conservé après la formation du contrat et même après la tradition jusqu'à complète satisfaction. Il est vrai qu'il a toujours le droit de rétention jusqu'à parfait payement, si l'acheteur ne peut invoquer un terme en sa faveur ;

______

(1) Cependant la clause de *dessaisine-saisine*, fort usitée dans certaines provinces de notre ancienne France, donnait aux conventions dans lesquelles elle était insérée un effet translatif de droits réels. L'usage en fut même si répa du qu'on finit par la sous-entendre dans toutes les conventions de donner un corps certain. C'est là l'origine de la théorie contenue dans l'article 1138.

mais ce n'est pas la propriété, c'est simplement la possession qu'il retient en l'exerçant. Une conséquence saillante de cette innovation, c'est que le vendeur ne peut, si la vente n'est pas résolue, agir en revendication pour reprendre la chose livrée à l'acquéreur, quand celui-ci n'acquitte pas ses obligations.

Le vendeur n'a plus besoin, comme en droit romain, de se réserver expressément le droit de résolution pour le cas où il ne serait pas payé : le Code civil, suivant en cela les principes du droit coutumier, lui permet de demander la résiliation du contrat, après sommation de payer faite à l'acheteur. Mais il ne résout plus la vente comme il pouvait le faire à Rome quand il y avait une *lex commissoria;* il doit demander à la justice qu'elle prononce la résolution (art. 1184 et 1654). S'il l'obtient, il peut reprendre la chose vendue à l'encontre de toute personne ; car la vente, et par conséquent le transport de la propriété à l'acheteur, sont considérés comme n'ayant jamais existé.

La créance du vendeur est encore garantie, comme dans notre ancien droit, par un privilége (ou hypothèque privilégiée) que la loi y attache de plein droit. Le vendeur d'immeubles — le seul dont nous ayons à nous occuper — acquiert ainsi un droit de préférence et un droit de suite qui le mettent à l'abri de l'insolvabilité de l'acquéreur d'une manière à peu près complète. Grâce à son privilége, il se fait payer sur le prix d'adjudication de l'immeuble, saisi et vendu aux enchères, avant tous les autres créanciers de l'acheteur, chirographaires, hypothécaires ou privilégiés (sauf certaines exceptions). Peu lui importe que l'immeuble ait été revendu : son privilége lui donne le droit de le suivre entre les mains du tiers acquéreur. On conçoit combien ce privilége lui est plus avantageux qu'une simple hypothèque légale : celle-ci serait soumise à la règle *prior tempore, potior jure* et ne pourrait prendre rang à une date antérieure à celle de la vente, de sorte qu'elle serait primée par d'autres hypothèques légales, comme celle de la femme, ou par des hypothèques judiciaires, qui frapperaient les biens présents et à venir de l'acheteur, et qui, datant d'une époque antérieure à celle de la vente, pourraient venir grever l'immeuble vendu, à son entrée dans le patrimoine du débiteur, avec un rang préférable à celui de l'hypothèque du vendeur. Il n'en est pas ainsi à l'égard d'un privilége : en effet, c'est un droit que la qualité de la créance donne à un créancier d'être préféré aux autres créanciers, même hypothécaires ; le privilége du vendeur prime donc toute espèce d'hypothèques, même les hypothèques générales dont le rang est déterminé par des dates antérieures à celle de la vente.

Un privilége est donné à raison de la qualité de la créance, qualité qui la distingue des autres et lui attire la faveur du législateur. La créance du vendeur est donc privilégiée parce qu'elle est particulièrement favorable et qu'elle mérite d'être garantie tout spécialement. Il est juste en effet que le vendeur, qui a mis un bien dans le patrimoine de l'acheteur, soit préféré aux autres créanciers sur le prix de cette chose. C'est lui qui a procuré la nouvelle valeur que ceux-ci trouvent chez leur débiteur ; il est tout naturel qu'il passe avant eux pour le payement de la créance née du contrat par lequel le débiteur en a fait l'acquisition.

Le privilége du vendeur est donc pleinement fondé enraison et en équité ; il se justifie encore à un autre point de vue, celui de l'utilité. Il favorise le développement de la circulation des biens et facilite les transactions en permettant aux acheteurs de trouver crédit : on peut donc dire qu'il intéresse même la prospérité de l'Etat. Aussi est-il permis de s'étonner que le Code fasse passer avant lui toute la série des priviléges généraux qui s'étendent sur les meubles et les immeubles, et préfère au vendeur les domestiques ou les fournisseurs de l'acheteur. C'est là une disposition fort regrettable, qui aurait les plus graves inconvénients si le vendeur avait seulement la ressource de son privilége ; mais comme il a en outre un droit de résolution, il peut exercer ce droit à l'encontre de ces créanciers privilégiés qui le priment, et soustraire ainsi à leur action le bien venu de lui dont il n'a pas reçu l'équivalent auquel il a droit.

CHAPITRE PREMIER.

CARACTÈRES GÉNÉRAUX DU PRIVILÉGE DU VENDEUR D'IMMEUBLES.

SECTION Iʳᵉ. — **Des créanciers à qui appartient le privilége.**

Le privilége est donné au vendeur d'immeubles pour le payement du prix (art. 2103-1°). Il faut donc qu'il y ait vente, qu'il y ait translation d'un droit moyennant un équivalent pécuniaire. Peu importe du

reste que la vente soit constatée par un acte authentique ou par un acte sous seing privé ; la loi ne distingue pas et ne devait pas distinguer, car le fondement
du privilége est toujours le même, quelle que soit la
forme du titre destiné à prouver le contrat. Ajoutons
que les créanciers de l'acheteur ou les sous-acquéreurs, seuls intéressés à critiquer l'acte, l'admettent
comme constatant la transmission de la propriété à
leur auteur — sinon ils ne sauraient prétendre exercer leurs droits sur la chose qui lui a été vendue ; —
le reconnaissant à ce point de vue, ils seraient mal
fondés à le méconnaître d'un autre côté, comme établissant le privilége du vendeur.

Aucune vente de meubles ne peut, bien entendu,
donner lieu au privilége de l'article 2103-1o. Ainsi celui
qui a vendu une machine, devenue immeuble par
destination parce que l'acheteur l'a attachée à une
usine à perpétuelle demeure, ou celui qui a vendu des
matériaux devenus immeubles par nature par leur incorporation à un édifice, n'a pas le privilége de l'article 2103-1°, parce que c'est un meuble qui a été
l'objet de la vente. Il en est de même pour le vendeur
d'une récolte sur pied ; il est vrai que les fruits et récoltes sont immeubles tant qu'ils n'ont pas été coupés
et détachés de la terre ; mais ils sont traités comme des
meubles quand ils font l'objet d'une convention dans
laquelle on ne peut les considérer que comme tels : or,
dans une vente de fruits à recueillir, on les considère
seulement au point de vue de leur séparation du sol,
on ne les envisage que comme meubles. La loi du 22
frimaire an VII fait l'application de cette idée, quand
elle soumet au droit de 2 fr. par 100 fr. et non de 4 fr.,

les ventes de récoltes de l'année sur pied, coupes de bois taillis et de hautes futaies, comme celles des autres objets mobiliers (art. 69, § 5-1°). La loi des 5 et 11 juin 1851 consacre également cette théorie, en attribuant, pour ces ventes, compétence aux commissaires-priseurs, huissiers et greffiers de justice de paix en concurrence avec les notaires, à qui sont réservées les ventes immobilières. Il est donc bien certain que le vendeur de récoltes sur pied, de bois à couper, etc., est un vendeur de meubles qui n'a pas le privilége immobilier. J'en dirai autant de celui qui a vendu une maison à démolir ou des pierres à extraire d'une carrière. Ces créanciers ont seulement le privilége mobilier, qui, il est vrai, n'est pas soumis à une inscription comme le privilége immobilier, mais aussi qui ne donne pas le droit de suite.

Il ne suffit pas, pour que le privilége de l'article 2103-1° puisse exister, que la vente ait eu pour objet un immeuble; il faut encore que cet immeuble soit de ceux qu'énumère l'article 2118 comme étant susceptibles d'hypothèques ; car ce sont aussi les seuls qui soient susceptibles d'expropriation forcée (art. 2204); or un privilége, pas plus qu'une hypothèque, ne saurait frapper un bien qui, ne pouvant être saisi et vendu aux enchères, ne donnerait pas prise à l'exercice du droit de préférence, droit qui s'exerce sur le prix d'adjudication sur saisie de l'immeuble grevé. Nous avons donc à voir quels sont, parmi les immeubles, ceux qui peuvent être atteints par le privilége du vendeur.

Ce sont en premier lieu les immeubles par nature, comme les fonds de terre, les maisons, etc. Il faut comprendre dans cette catégorie les mines, minières et carrières (loi du 21 avril 1810, art. 8). Celui qui a vendu une mine, c'est-à-dire qui a cédé la concession à lui faite par le Gouvernement du droit de l'exploiter, a sur elle un privilége qui ne s'étend pas au sol de la surface, quand même il aurait vendu les deux propriétés ensemble à la même personne ; la mine est en effet une propriété tout à fait à part (art. 19). Il y a alors deux ventes donnant lieu chacune à un privilége distinct. Quant au vendeur de la surface, son privilége porte non-seulement sur celle-ci, mais encore sur le droit à la redevance qui est due par le concessionnaire de la mine au propriétaire de la surface, car ce droit est immobilier, comme accessoire d'une propriété immobilière (art. 18). Mais si le propriétaire du sol supérieur avait cédé séparément son droit à la redevance, il n'aurait pas le privilége immobilier, parce que ce droit à la redevance est mobilier quand il est séparé de la propriété de la surface, car il doit être alors considéré dans son objet, qui est mobilier, la redevance consistant en prestations en argent ou autres choses mobilières.

Pour les minières et carrières, elles ne sont pas par elles-mêmes des propriétés distinctes de la surface : mais rien n'empêche le propriétaire de l'immeuble où elles se trouvent de les vendre séparément. Dans cette circonstance, le privilége frappe la propriété du dessous sans atteindre celle du dessus.

L'héritier bénéficiaire qui vend un immeuble de la succession est privilégié, même si le prix est absorbé par les dettes de cette succession (Cass., 3 fév. 1870, Dal. 70, 1, 420). Aucun doute ne peut s'élever sur ce point, car l'héritier bénéficiaire est, à l'égard de toute personne autre que les créanciers et légataires, investi pleinement de la propriété des biens dépendant de la succession; lorsque l'un de ces biens est vendu c'est donc lui, et non pas la masse des créanciers, qui est le vendeur et qui est privilégié pour le payement du prix.

Le vendeur d'un immeuble par destination, d'une machine à vapeur, par exemple, attachée à une usine, ou de bestiaux servant à l'exploitation d'un fonds, n'a pas le privilége immobilier quand il a aliéné ces objets séparément de l'immeuble auquel ils étaient unis. En effet, ce sont des meubles quand ils sont détachés de l'immeuble principal. Mais celui qui vend un fonds auquel sont attachés des objets mobiliers de cette nature acquiert sur eux comme sur le fonds le privilége immobilier, qui les frappe tant qu'ils ne sont pas séparés de l'immeuble principal.

Le droit d'usufruit étant susceptible d'une vente aux enchères comme le droit de propriété, on doit en conclure que le vendeur d'un usufruit sur un immeuble est privilégié. Quant à celui qui a cédé l'exercice du droit d'usufruit, il ne jouit pas de notre privilége; il a vendu, non pas le droit d'usufruit lui-même, qui, portant sur un immeuble, est immobilier, mais seulement des fruits à percevoir, qui sont choses mobilières. Son privilége est donc celui du vendeur de meubles.

Les droits d'usage et d'habitation ne peuvent être grevés du privilége du vendeur; car, étant attachés à la personne, ils ne sont ni cessibles ni saisissables.

Celui qui a cédé un bail n'a pas le privilége immobilier : il est en effet généralement admis que le droit du preneur est purement personnel et mobilier, *quod tendit ad rem mobilem.* On doit, je pense, décider de même à l'égard de celui qui a cédé un bail emphytéotique ; car de l'avis d'un grand nombre d'auteurs l'emphythéose temporaire est simplement un bail ordinaire d'une longue durée, ne conférant pas un droit réel immobilier. Mais il en est autrement pour le vendeur d'un droit de superficie, véritable droit de propriété sur les constructions placées dans un terrain appartenant à un autre propriétaire ; les édifices et superfices sont des immeubles par nature que peut affecter le privilége foncier.

Une servitude n'est susceptible ni d'hypothèque ni de privilége, parce que la saisie et la vente aux enchères en sont impossibles. Une servitude est inhérente au fonds dominant dont elle forme une qualité active ; elle ne peut en être détachée pour être reportée sur d'autres fonds ; elle n'est ni cessible ni saisissable isolément. Mais si elle avait été vendue avec le fonds dominant, elle serait, comme accessoire, atteinte par le privilége qui grèverait l'immeuble dont elle est une qualité.

Celui qui a cédé un droit litigieux portant sur un immeuble est-il privilégié ? On fait souvent sur ce point une distinction bizarre. On admet généralement qu'une action immobilière n'est pas susceptible d'expropriation forcée, ni par conséquent de charges hypothécaires. En effet, dit-on, les articles 2118 et 2204, qui énumèrent les immeubles pouvant être hypothéqués ou saisis, ne mentionnent que l'usufruit sous le numéro relatif aux immeubles par l'objet auquel ils s'appliquent (art. 526). Or les actions immobilières sont des immeubles par l'objet auquel ils s'appliquent (art. 526). Elles sont donc exclues, par voie de prétérition, de l'énumération des articles précités. Cette exclusion est très-rationnelle ; comment en effet trouver des adjudicataires qui offrent le juste prix d'une action tendant à revendiquer un immeuble? Il y a là un obstacle semblable à celui qui empêche toute saisie d'un immeuble indivis (art. 2205). Les rédacteurs du Code n'ont pas voulu qu'une action pût être saisie par des créanciers, parce qu'ils ont pensé avec raison qu'elle serait vendue à vil prix (Cass. 14 avr. 1847, Dal., 47, 1, 342. — Tarrible, *Rép. de Merlin*, v° *Hyp.*, sect. 2, § 3, art. 3, n° 5 ; Grenier, *Des hyp.*, t. I, n° 152 ; M. Pont, *Priv. et hyp.*, n° 395). Ces considérations doivent nous conduire à refuser un privilége à celui qui a cédé une action immobilière.

Mais on admet d'un autre côté que si l'action en elle-même ne peut pas être hypothéquée, l'immeuble qui en est l'objet peut l'être sans difficulté, parce que c'est un immeuble par nature, bien qui est susceptible d'expropriation forcée. Cette distinction ne me paraît pas devoir être adoptée. Une action n'est pas un bien *sui generis* faisant partie de notre patrimoine ; c'est seulement une manifestation d'un droit méconnu; c'est un moyen de le faire reconnaître. L'art. 526, il est vrai, classe les actions immobilières parmi les immeubles, parmi les biens ; mais il est évident que ce ne sont pas les actions elles-mêmes, c'est-à-dire les voies par lesquelles on fait reconnaître un droit contesté, que cet article a voulu désigner, sinon il n'aurait aucun sens ; ce sont les droits litigieux portant sur des immeubles, droits dont les actions sont seulement des manifestations, que l'article 526 a rangés parmi les biens, sous l'expression inexacte d'actions immobilières. Or, nous le savons, la combinaison des articles 526, 2118 et 2204 démontre qu'une action immobilière — telle qu'on doit l'entendre dans le premier de ces textes — ne peut être saisie ni par conséquent hypothéquée. C'est donc qu'un droit soumis à une contestation en justice ne peut pas l'être. Cela revient à dire qu'un immeuble litigieux n'est pas susceptible d'hypothèque, car hypothéquer un immeuble, c'est hypothéquer le droit de propriété dont il est l'objet ; hypothéquer un immeuble litigieux, c'est affecter d'une hypothèque le droit litigieux de propriété que l'on a sur lui. Je pense donc que la loi, en prohibant tacitement la saisie — et par suite l'hypothèque — d'une action immobilière, a prohibé par là même celle d'un droit litigieux, c'est-à-dire celle de l'immeuble sur lequel porte ce droit.

Appliquant cette théorie à notre matière, je dis que celui qui a cédé une action immobilière, c'est-à-dire qui a vendu un immeuble litigieux, n'a pas de privilége. Un tel immeuble ne pourrait — quoiqu'aliénable — être vendu aux enchères ; c'est pour cette raison qu'il ne comporte pas la charge d'une hypothèque : pour le même motif il ne doit pas comporter non plus celle d'un privilége.

Les actions de la Banque de France peuvent être immobilisées par une déclaration sur les registres des transferts ; dans cet état, elles sont soumises au Code civil et aux lois de *privilége* et d'hypothèque comme les propriétés foncières ; ainsi les *priviléges* et hypothèques qui les affectent peuvent être purgés conformément aux dispositions du Code civil (loi du 16 janvier 1808, art. 7). Il en résulte que le vendeur d'une action immobilisée de la Banque de France a sur elle le privilége de l'article 2103-1°.

Le vendeur d'un navire n'a pas un privilége immobilier, quoique les navires soient assimilés aux immeubles au point de vue de l'hypothèque (loi du 10 décembre 1874). Mais il a un privilége mobilier qui lui donne un droit de suite comme s'il était immobilier (art. 190 et 191-8°, C. comm.).

L'article 2103-1° s'applique à tout vendeur d'un immeuble susceptible d'hypothèque. Peu importe que la vente ait été volontaire ou forcée, qu'elle ait été faite à l'amiable ou en justice ; dans tous les cas, le privilége existe au profit du vendeur. Cependant un arrêt de la Cour de Paris, du 23 juillet 1833 (Dal., 34, 2, 1), le refuse à celui qui, sur la réquisition d'un voisin, lui a cédé la mitoyenneté d'un mur : par la raison que l'article. 661 n'accorde à ce vendeur qu'une action personnelle pour le remboursement de la moitié de la valeur du mur. Le motif ne me paraît pas concluant. Que dit l'article 661 ? Que tout propriétaire joignant un mur a la faculté de le rendre mitoyen en tout ou en partie, en remboursant au maître du mur la moitié de sa valeur. Y a-t-il là un mot qui permette de penser que le propriétaire du mur ne soit pas privilégié quand il en cède la mitoyenneté ? Est-il possible de dire que l'article 661, en accordant à ce vendeur une simple action personnelle, lui refuse par là même le privilége ? Mais ce texte ne parle même pas d'action personnelle : muet sur la question des moyens par lesquels le maître du mur parviendra à se faire payer ce qui lui

est dû, il se réfère aux règles générales en cette matière, à l'article 2103-1°, qui donne un privilége à
tout vendeur d'immeubles. Il n'y aurait du reste aucune bonne raison pour distinguer entre les ventes
volontaires et les ventes forcées ; dans les deux cas
l'aliénateur a mis une valeur dans le patrimoine de
l'acquéreur ; le fondement du privilége existe aussi
bien quand le propriétaire d'un mur a été contraint
par le voisin de lui en céder la mitoyenneté que quand
le propriétaire d'une maison l'a vendue volontairement.

Jusqu'à présent nous nous sommes maintenus dans
l'hypothèse d'une vente ; il faut voir s'il est possible
d'assimiler à ce contrat des conventions qui y
touchent de fort près, et de donner à certains autres
créanciers le privilége du vendeur, sans violer la règle
que les priviléges ne doivent pas être étendus en dehors des cas expressément prévus par la loi. Or il est
certain qu'il existe des conventions qui se rapprochent
beaucoup de la vente, et qui peuvent donner lieu au
privilége de l'article 2103-1°. Telle est la *datio in
solutum* avec soulte. Lorsqu'un créancier consent à
recevoir en payement une chose autre que celle qui
lui est due, l'obligation est éteinte ; mais si les parties
conviennent qu'une soulte en argent sera fournie par
le créancier, qui reçoit une chose d'une valeur supérieur au montant de la dette à éteindre, l'opération
n'est plus seulement un payement ; c'est aussi une
vente, car une partie de la chose a été aliénée moyennant un prix, représenté par la soulte mise à la charge
de l'ancien créancier. L'ancien débiteur est un vendeur pour cette portion ; rien n'empêche donc, si la

datio in solutum a eu pour objet un immeuble, de lui donner le privilége de l'article 2103-1°.

Il en est de même pour l'échangiste créancier d'une soulte. Lorsqu'une personne aliène son immeuble moyennant la cession de l'immeuble d'une autre personne, et moyennant une certaine somme que celle-ci doit lui payer en sus, le contrat qu'elle conclut est mixte : c'est à la fois un échange et une vente, vente jusqu'à concurrence de la portion de l'immeuble correspondante à la soulte, échange pour l'autre portion. L'échangiste est donc privilégié pour le payement de la soulte, sans distinguer si elle est considérable ou minime, si elle dépasse ou non la valeur de la moitié, des trois quarts de l'immeuble cédé par celui qui en est créancier ; dans tous les cas il est vrai de dire que le contrat est pour partie une vente, pour partie un échange. D'ailleurs on ne trouve aucun texte autorisant une distinction de cette nature, qui serait nécessairement arbitraire. (Troplong, *Priv. et hyp.*, n° 215 ; M. Pont, n° 187 ; — *contrà*, Mourlon, *Examen critique..*, n°s 148 et s.).

L'échangiste n'est privilégié, suivant la plupart des auteurs, que pour le payement de la soulte qui peut lui être due. S'il est évincé de l'immeuble par lui reçu en contre-échange, il a une créance en dommages-intérêts qui n'est pas garantie par un privilége. En effet, il est impossible d'étendre jusque-là l'article 2103-1₀, qui ne donne un privilége au vendeur que pour le payement du prix ; or les dommages-intérêts doivent être considérés non pas comme le prix de l'aliénation faite par le coéchangiste évincé, mais comme la représentation du préjudice qui lui est causé par l'inexécution de l'obligation de l'autre partie. L'article 2103 montre bien que c'est seulement pour la prestation de l'objet même de l'obligation née du contrat que le privilége est accordé au vendeur ou à celui que nous lui assimilons (Turin, 10 juill. 1813, Sir.. 14, 2, 13 — Duranton, t. XIX, n° 155 : Troplong, n$_{os}$ 200 *bis* et 215 ; *contrà*, Mourlon, n° 147). Ainsi, l'échangiste n'est pas privilégié pour son recours contre son coéchangiste, quand il a été obligé, pour conserver l'immeuble acquis par lui, de payer les créanciers hypothécaires inscrits sur cet immeuble du chef de son auteur (Cass., 26 juil. 1852, Dal., 52, 1, 196 ; 14 nov. 1859, Dal., 60, 1, 221).

Que dirons-nous du donateur qui s'est dépouillé d'un immeuble en imposant au donataire une certaine charge pécuniaire ? Je pense qu'il est privilégié pour sa créance contre le donataire ; là encore nous trouvons un contrat mixte : donation pour partie, vente pour l'autre partie (en admettant qu'un donataire peut être contraint d'exécuter les charges qui lui sont imposées, même s'il offre de restituer ce qu'il a reçu). Je ne pense pas que l'élément onéreux de cette convention soit absorbé par l'élément de bienfaisance, de telle sorte que l'on doive considérer le contrat tout entier comme une pure donation, et refuser au donateur le privilége de l'article 2103 pour sa créance contre le donataire. Comme dans l'échange avec soulte, le caractère de vente existe pour une partie de la convention (M. Pont, n° 188). C'était l'avis de Pothier, qui s'exprime ainsi : « si les charges sont à la vérité appréciables à prix d'argent, mais d'une moindre valeur » que la chose donnée : par exemple, si je vous ai donné

» un héritage de la valeur de 3000 liv., sous des char-
» ges appréciables à 2000 liv., l'acte sera d'une
» nature mixte : il tiendra de la vente pour les deux
» tiers, et de la donation pour un tiers, etc. » (*Vente*,
» n° 613.)

Cependant ce n'est pas l'opinion commune ; la jurisprudence et la doctrine ont été dominées par cette
idée qu'un contrat appelé donation ne peut donner lieu
à un privilége (Orléans, 26 mai 1848, Dal., 48, 2,
122 ; Douai, 18 nov. 1846, Dal., 47, 2, 22 ; — Grenier,
n° 391 ; Persil, *Régime hypothécaire*, art. 2103-1°,
n° 10 ; Troplong, n° 216). On s'appuie principalement
dans ce système sur ce que le donateur, ayant une ac-
action en résolution pour inexécution des charges (art.
954), doit s'en tenir à ce droit, qui a plus d'étendue qu'un
simple privilége. Cet argument ne doit pas nous con-
vaincre ; le vendeur a, lui aussi, un droit de résolution, ce qui ne l'empêche pas d'avoir un privilége,
dont l'utilité est évidente quand il a perdu la première
garantie, et dont l'avantage se présente encore pour
lui quand il a reçu des à-compte qu'il faudrait restituer en cas de résolution du contrat. On voit donc
que le privilége peut avoir un intérêt pour le donateur, et qu'il n'a rien d'incompatible avec le droit de
résolution.

Du reste, les partisans du système opposé admettent généralement que le donateur est privilégié quand
les charges absorbent à peu près la valeur de l'immeuble donné, parce que le contrat est alors une véritable vente, à laquelle les parties ont donné une qua-
lification fausse.

Peu importe que les charges aient été stipulées au

profit du donateur ou au profit d'un tiers : dans les
deux cas le donateur doit être assimilé à un vendeur
pour une partie de l'immeuble. Mais le tiers au profit
de qui la stipulation a été faite, ne pouvant prétendre
à une pareille assimilation, ne serait pas autorisé à
exercer le privilége.

Si les charges ne consistaient pas en prestations pécuniaires, le donateur n'aurait pas de privilége pour
le payement des dommages-intérêts auxquels le donataire serait condamné à raison de l'inexécution des
charges. C'est la même solution que celle qui a été
donnée précédemment à propos de l'échange.

On est d'accord pour refuser le privilége à l'acheteur à réméré qui devient créancier du vendeur pour
la restitution du prix, quand celui-ci exerce son droit;
dans cette hypothèse, en effet, il y a non pas une revente, mais une résolution de la vente. L'acheteur
jouit d'un droit de rétention jusqu'à la restitution du
prix; s'il n'en use pas, il est dépourvu de toute garantie.
Mais il en serait autrement si le vendeur reprenait
l'immeuble du consentement de l'acheteur, après le
délai primitivement fixé pour l'exercice du réméré.
Les parties n'ont pu, en effet, modifier la convention
première au préjudice des tiers, en prorogeant ce délai
après coup; elles n'ont pu empêcher, par exemple,
qu'une hypothèque légale du chef de l'acheteur ne soit
venue frapper l'immeuble à l'expiration du délai primitivement convenu. Si plus tard l'acheteur consent à
rendre l'immeuble à son vendeur, ce n'est pas en su-
bissant la résolution de la vente primitive; c'est en
faisant lui-même une vente, qui donne lieu au privilége en sa faveur. La même solution devrait être donnée

si le rachat s'exerçait en vertu d'une convention survenue après une vente ordinaire.

Une dernière hypothèse nous reste à étudier. D'après l'article 1551, le mari devient propriétaire des objets mobiliers mis à prix par le contrat de mariage, sans déclaration que l'estimation n'en fait pas *vente*; d'après l'art. 1552, l'estimation donnée à l'immeuble constitué en dot en transporte la propriété au mari, s'il y en a déclaration expresse. En combinant ces deux articles, on peut dire que l'estimation de l'immeuble, avec déclaration du transport de la propriété au mari, vaut vente. Les Romains admettaient que l'estimation seule de l'immeuble valait vente; ils considéraient cette clause comme une véritable vente: *œstimatio venditio est* (L. 10, § 5 *in fine*, Dig., *De jur. dot.*, XXIII, 3), et donnaient au mari l'action *ex empto* (L. 10, Cod., *De jur. dot*, V., 12). Dans notre ancienne jurisprudence, en pays de droit écrit, on assimilait également à une vente l'estimation d'un immeuble donné en dot. Aujourd'hui encore on admet que l'estimation d'un immeuble livré en dot au mari vaut vente, quand il y a au contrat une déclaration expresse en ce sens. Mais on est divisé sur la question de savoir si c'est là une convention produisant tous les effets d'une vente ordinaire.

Il est certain qu'elle réunit tous les caractères de ce contrat; la femme transporte au mari la propriété de l'immeuble, moyennant un prix (la somme fixée par l'estimation) qui doit être payé à un terme incertain, dans l'année qui suivra la dissolution du mariage. Le mari, devenu propriétaire définitif, supporte les risques, et peut disposer de l'immeuble comme bon lui semble.

Le bien devient le gage de ses créanciers. Les droits proportionels de mutation sont dus, suivant l'opinion commune, en sus du droit fixe auquel est assujetti le contrat de mariage. La question était cependant discutée autrefois à propos du droit de *lods et ventes*. Mais aujourd'hui la loi du 22 frimaire an VII soumet aux droits proportionnels tous actes translatifs de propriété de biens meubles et immeubles (art. 69, V., 1º, et VII, 1º) ; ces expressions générales comprennent les aliénations dont nous nous occupons. Il y est fait exception, par une instruction du ministre des finances du 11 juillet 1810, pour les estimations de choses mobilières, valant vente, dans un contrat de mariage ; mais dans cette instruction il n'est fait aucune mention des estimations d'immeubles emportant aliénation, qui dès lors doivent rester sous l'empire du droit commun. (Cass. 1ᵉʳ mars 1809, Sir. 10, 1, 121 — Rodière et Pont ; *Contrat de mar.*, t. I, nº 221 ; Championnière et Rigaud, *Droits d'enreg.*, t. IV. nº 2920). Quant à la garantie, il est évident qu'elle est due par la femme ou le constituant ; mais elle le serait même si l'estimation ne valait pas vente (art. 1547). Enfin, par suite de la même assimilation, plusieurs auteurs anciens et modernes donnent à la femme le droit de demander la rescision pour lésion de plus de sept douzièmes de la valeur de l'immeuble dans l'estimation.

En résumé, l'estimation de l'immeuble constitué en dot avec déclaration que cette estimation vaut vente est une véritable vente ; elle en a tous les caractères, elle doit en avoir tous les effets. Comme le mari a tous les droits d'un acquéreur, la femme doit avoir tous ceux d'un vendeur ; il faut donc lui reconnaître

le privilége du vendeur d'immeubles pour le payement du montant de l'estimation, après la dissolution
du mariage. C'est là une conséquence nécessaire du
système de la loi, qui assimile cette clause du contrat
de mariage à une vente.

Cependant une objection peut être faite : il est impossible, peut-on dire, d'attribuer à l'estimation ainsi
faite tous les effets d'une véritable vente, car les
parties, en réalité, n'ont pas voulu vendre et acheter,
mais seulement faire une convention matrimoniale,
un règlement destiné à faire connaître la valeur de la
dot, à en assurer la restitution et à fixer les droits de
chacune d'elles : « L'intention des parties n'a été de
» vendre, mais de contracter mariage, » dit Chopin.
Ce serait donc mal interpréter leur volonté que de
donner un privilége à la femme pour le payement de
la somme à laquelle a été fixée l'estimation.

Je ne pense pas qu'il faille s'arrêter à cette objection. La preuve que les parties ont voulu faire une
véritable vente, c'est qu'en estimant l'immeuble elles
ont déclaré expressément que cette estimation *emporterait aliénation, vaudrait vente.* C'est à titre d'acheteur
que le mari acquiert la propriété; dès lors il est permis
d'attacher à cette convention tous les effets d'une
vente, et en particulier de donner à la femme le privilége du vendeur.

A part cette considération, je suis encore déterminé
dans le sens de cette solution par un autre motif. Par
cette clause, comme par une vente ordinaire, la femme
met un bien dans le patrimoine de son mari ; quoi de
plus juste qu'elle acquière sur ce bien un privilége
pour le payement de la somme qui représente le prix ?

Les raisons qui militent en faveur d'un vendeur ordinaire, militent également en sa faveur. Rien ne s'oppose donc à ce qu'elle ait le privilége de l'art. 2103-1o.

Le privilége du vendeur peut, par cession ou par subrogation, appartenir à un créancier quelconque; c'est là l'application du droit commun. Nous n'avons pas à entrer dans ce sujet, qui se rapporte à une matière toute différente de la nôtre.

Section II. — Étendue du privilége.

Le privilége garantit le payement du prix. Il n'existe donc pas, bien entendu, si le prix a été payé intégralement; il en est de même si l'acheteur a été libéré de toute autre manière, par compensation, confusion, remise de la dette, novation, etc. Mais l'existence de la dette de l'acheteur ne suffit pas; il faut aussi qu'il soit constant que le prix est encore dû. La preuve doit en être établie par l'acte de vente même: c'est là une condition *sine quâ non* de l'existence du privilége. Les tiers qui voudront acquérir des droits sur l'immeuble du chef de l'acheteur consulteront son titre d'acquisition, pour s'assurer de son droit de propriété, et aussi pour savoir si le vendeur est encore créancier, si son privilége subsiste toujours : il ne faut pas qu'ils soient trompés par la fausse déclaration de payement faite dans le contrat. Ainsi lorsque l'acte porte quittance du prix, le vendeur n'est pas privilégié, même s'il existe un autre acte par lequel l'acquéreur reconnaît n'avoir pas payé; cette recon-

naissance doit être considérée comme une contre-
lettre, qui n'a aucun effet à l'égard des tiers (art. 1321).
Il en est de même si, en donnant quittance dans le
contrat, le vendeur n'a reçu en payement que des
billets ou des lettres de change non acquittés, sans
que l'acte de vente énonce cette acceptation. Mais il
en serait autrement si l'acte en faisait mention, car la
quittance n'étant alors donnée que sous la condition
tacite de l'encaissement de ces effets, on ne pourrait
plus dire que l'acte lui-même constate que l'acheteur
ne doit plus le prix. Les tiers n'auraient pas à se
plaindre, ayant été avertis par le titre que cette condition a été mise à la libération de l'acheteur. Qu'on
ne dise pas que l'acceptation des effets ayant opéré
novation de l'obligation de l'acquéreur, le privilége
est éteint; les parties ne font pas une novation
quand elles modifient simplement le mode d'exécution de l'obligation; or, dans notre hypothèse, elles
ne font pas autre chose, car elles substituent au payement en espèces une dation de billets qui n'est qu'un
mode particulier de payement, n'emportant d'ailleurs
libération que sous la condition tacite de l'encaissement, et laissant ainsi subsister l'obligation de l'acheteur avec toutes les garanties attachées à la créance
du vendeur. L'intention de nover ne se présumant pas
(art. 1273), on ne doit pas supposer que dans cette
circonstance le vendeur a eu l'*animus novandi*, sans
lequel la novation ne peut s'opérer. Le privilége
subsiste donc quand le contrat, tout en portant quittance du prix, énonce la circonstance de l'acceptation d'effets de commerce non acquittés (MM. Aubry et Rau, § 263, texte et note 9; § 324,

texte n° 4 et note 33 ; Grenier, n° 385 ; Troplong, n° 199 *bis*).

En vertu de la règle que les contre-lettres ne sont pas opposables aux tiers, il faut décider que le vendeur n'est pas privilégié pour les suppléments que les parties auraient ajoutés, par des conventions particulières, au prix exprimé dans le contrat.

L'acte de vente énonçant que le prix est encore dû, le privilége existe pour le payement de ce prix, sans qu'il faille distinguer s'il consiste en un capital exigible ou en une rente, perpétuelle ou viagère. Il en est ainsi même quand la rente est établie après l'indication d'un capital, indication servant seulement à déterminer la valeur de l'immeuble. Mais il en serait autrement si le prix, après avoir été primitivement fixé en un capital exigible, était converti après coup par les parties en une rente perpétuelle ou viagère ; il y aurait là une novation qui éteindrait la créance primitive avec tous ses accessoires, sans les rattacher à la nouvelle, à moins d'une réserve expresse.

Le prix ne se compose pas seulement de la somme principale : il comprend aussi les intérêts de cette somme, qui se lient au principal et qui doivent jouir des mêmes garanties, d'après la règle : *Accessorium sequitur principale.* M. Rodière a cependant soutenu que le vendeur n'était pas privilégié pour le payement des intérêts ; les priviléges étant de droit étroit, on ne doit pas, dit-il, étendre celui du vendeur aux intérêts, dont l'art. 2103 ne fait pas mention ; le fondement du privilége n'existe plus à leur égard, car ils représentent les fruits, dont la cause d'acquisition se trouve, non pas dans la vente, mais dans le travail et l'activité de l'acheteur lui-même (*Revue de législ.*, t..I, p. 233). Cette opinion est universellement rejetée et avec raison, selon moi ; en effet il ne faut pas dire que l'art. 2103, ne donnant au vendeur un privilége que pour le payement du prix, n'embrasse pas les intérêts de la somme principale et ne doit pas s'y appliquer. Je pense au contraire que cet article s'étend à eux, parce que le mot prix, dont il se sert, est général et désigne toutes les prestations pécuniaires, somme principale et sommes accessoires, mises à la charge de l'acquéreur en retour de la chose vendue. Le second argument, tiré du fondement du privilége, n'est pas plus décisif. C'est l'immeuble vendu qui produit les fruits ; c'est en vertu de la vente que l'acheteur peut les percevoir et les conserver ; c'est grâce au vendeur qu'il les a dans son patrimoine ; le payement des intérêts, qui les représentent, peut donc être légitimement garanti par le privilége. D'ailleurs cet argument auquel je réponds, pris isolément, conduirait à distinguer entre les intérêts du prix d'un immeuble non frugifère et ceux du prix d'un immeuble frugifère ; puis à sous-distinguer entre ceux qui représentent les fruits naturels, produits par la chose sans le secours de l'homme, et ceux qui représentent les fruits industriels, acquis par le travail de l'acheteur : les premiers, devant être privilégiés, les seconds ne devant pas l'être, à raison du fondement du privilége du vendeur. Ce sont là des distinctions auxquelles on est nécessairement amené dans le premier système, distinctions qu'aucun texte n'autorise à faire, et qui dès lors détruisent le moyen invoqué en second ordre. Enfin on oppose à ce système un argument *a fortiori* tiré de l'art. 2151. Ce texte donne à tout créancier hypothécaire le droit d'être colloqué pour une certaine quotité d'intérêts au même rang que pour son capital ; n'est-il pas évident qu'on ne doit pas traiter un créancier privilégié moins favorablement qu'un simple créancier hypothécaire, ni rejeter tous les intérêts dus au vendeur au rang des créances chirographaires ? Il est difficile d'élever des doutes sur ce point, et de refuser au vendeur le droit d'être colloqué par privilége au moins pour une certaine somme d'intérêts.

Persil avait d'abord pensé que le privilége devait être restreint aux intérêts stipulés dans le contrat, parce que seuls ils pouvaient, disait-il, être compris dans l'expression *prix* employée par l'art. 2103-1° ; les intérêts dus pour simple retard (art. 1652), ne doivent pas être considérés comme compris dans ce mot qui ne désigne que les prestations convenues entre les parties. Mais cet auteur a plus tard rétracté son opinion sur ce point, devant cette considération que les intérêts, quels qu'ils soient, légaux ou conventionnels, sont l'accessoire du capital et doivent participer aux mêmes avantages (Persil, *sur l'art.* 2103, n° 4).

On s'accorde donc généralement à dire que les intérêts sont privilégiés comme la somme principale. Mais la controverse est très-vive sur un autre point. Nous verrons bientôt que l'effet du privilége du vendeur est subordonné à la condition d'une inscription prise sur les registres du conservateur des hypothèques ou de la transcription de l'acte de vente. Or l'art. 2151 donne au créancier inscrit pour un capital produisant intérêt ou arrérage le droit d'être colloqué pour deux années seulement, et pour l'année courante, au même rang d'hypothèque que pour son capital, sans préjudice des inscriptions particulières à prendre, portant hypothèque à compter de leur date, pour les intérêts et arrérages autres que ceux conservés par la première inscription. On se demande si cet article est applicable au vendeur, si l'inscription qu'il a prise pour son capital garantit, au même rang que celui-ci, tous les intérêts échus depuis cette inscription, ou si elle garantit seulement ceux de deux années et de l'année courante ; en un mot, s'il n'y a qu'une certaine quotité d'intérêts qui soient privilégiés, ou s'ils le sont tous.

Dans un premier système, on applique l'art. 2151 au vendeur ; on n'assigne au rang privilégié du capital que deux années d'intérêts et l'année courante ; pour le surplus, on les place au rang d'hypothèque que leur donnent les inscriptions particulières que le vendeur a dû prendre au fur et à mesure des échéances. De ce que l'art. 2151 n'emploie pas le mot privilége, on ne doit pas, dit-on, le restreindre aux simples hypothèques. Tout le monde sait en effet que souvent le Code comprend les priviléges dans l'expression hypothèques, et avec raison, car un privilége est une véritable hypothèque dont le rang s'estime d'une manière différente, mais dont tous les effets sont les mêmes que ceux d'une hypothèque non privilégiée. L'art. 2151, en se servant du mot hypothèque, a donc voulu désigner à la fois le privilége et la simple hypothèque. Il y a du reste mêmes motifs de l'appliquer à l'un qu'à l'autre. Les tiers sont intéressés à connaître les charges qui pèsent sur un immeuble, et l'importance des sommes pours lequelles il est grevé. Il leur importe de savoir quel est le montant des intérêts de la créance hypothécaire ou privilégiée, jusqu'à concurrence desquels le bien dont il s'agit est affecté. Grâce à l'art. 2151, ils peuvent compter que les intérêts mis au même rang que le capital ne dépasseront pas une certaine limite sans inscriptions particulières dont la date déterminera le rang ; or l'utilité de cet article est aussi grande pour les priviléges que pour les hypothèques. Il serait profondément désastreux pour un créancier hypothécaire, ou pour un tiers acquéreur, de se voir opposer un privilége dont il n'aurait pu soupçonner l'étendue, frappant l'immeuble pour dix, vingt années d'intérêts en sus du capital énoncé dans l'inscription. Ce serait une entrave à la circulation des biens ; ce serait la destruction de tout crédit immobilier. Si quelqu'un doit supporter une perte, c'est le vendeur négligent, peut-être même coupable de fraude, qui a laissé les intérêts s'accumuler sans en exiger le payement. Le système opposé est contraire aux principes de notre législation, à l'esprit de la loi de brumaire an VII et de notre Code civil, qui veulent la publicité (Nîmes, 12 déc. 1811, Dal. *Rép.*, v^is. *Priv. et hyp.*, n° 421; Angers, 12 juillet 1816; — Grenier, n° 103 ; Persil, *sur l'art.* 2151, n° 9).

Ce système ne me paraît pas le bon ; je pense que l'art. 2151 n'est pas applicable aux priviléges, et que l'inscription prise par le vendeur pour son capital garantit tous les intérêts au même rang, c'est-à-dire à un rang de privilége. L'art. 2151 fait exception au principe que l'accessoire suit le principal et participe aux mêmes avantages ; il doit donc être interprété restrictivement. Il est permis quelquefois de dire que le Code, en parlant d'hypothèques, a voulu désigner aussi les priviléges ; mais cette interprétation large n'est plus permise dans les articles qui contiennent des restrictions à une règle de droit. L'art. 2151 dit que certains intérêts seulement seront colloqués au même rang d'*hypothèque* que le capital ; on ne doit pas l'étendre aux intérêts de la créance du vendeur, qui a un rang de privilége, et non un rang d'hypothèque. Dans une autre partie encore les termes de cet article font obstacle à cette extension. Que dit-il *in fine* ? Que des inscriptions particulières, *portant hypothèque à compter de leur date*, pourront être prises pour les intérêts et arrérages autres que ceux conservés par la première inscription. S'il en était ainsi pour les intérêts des créances privilégiées, il faudrait dire que ceux de plus de deux ans et l'année courante ne pourraient être garantis que par des inscriptions particulières portant hypothèque à compter de leur date ; pour eux, le vendeur aurait donc une créance simplement hypothécaire, tandis qu'il aurait pour les autres une créance privilégiée. Or il est impossible de faire une telle distinction, de donner le privilége pour une partie des intérêts, et une simple hypothèque pour l'autre partie. Dès qu'on reconnaît que les intérêts sont privilégiés comme le capital, en vertu du principe que l'accessoire suit le principal et doit être soumis aux mêmes règles, on est obligé d'admettre qu'ils le sont tous, sinon on viole le principe que l'on a adopté. « Dans le système contraire, disent MM. Aubry et Rau (t. III, n° 285, note 15), on scinde l'effet des priviléges que l'on fait descendre, pour les intérêts de plus de deux ans et l'année courante, au rang de simples hypothèques : transformation que la loi n'admet que dans le cas où le privilége n'a pas été dûment conservé. »

On dit que ce système est contraire au principe de publicité proclamé par notre législation. C'est vrai ; mais nous verrons que pour le capital lui-même la publicité, au point de vue du droit de préférence, est purement illusoire. Il est de la nature du privilége de primer toutes les hypothèques, même celles qui sont inscrites avant lui ; un créancier hypothécaire inscrit sur un immeuble qu'il croyait libre de toute charge peut voir un privilége, dont l'inscription est postérieure à la sienne, primer son hypothèque et la rendre inefficace. En cette matière le principe de publicité — quoique ce soit contesté par certains auteurs — est abandonné par le Code. Il n'est pas étonnant que le privilége du vendeur, qui peut être occulte pour le capital, puisse l'être aussi pour les intérêts. Supposons qu'un créancier hypothécaire s'inscrive sur un immeuble, et que longtemps, cinq ans, dix ans après, le vendeur prenne son inscription ou fasse transcrire son titre, ce qui revient au même à cet égard : le vendeur primera le créancier hypothécaire, non-seulement pour le capital, mais encore pour tous les intérêts échus, non prescrits, même pour ceux qui remontent à quatre, cinq années ; c'est là un point admis par les partisans du premier système, au moins par ceux qui reconnaissent, comme on le fait généralement, la rétroactivité de l'inscription du privilége du vendeur. Supposons maintenant que le vendeur s'est inscrit immédiatement après la vente : on lui refuse alors, pour les intérêts de plus de deux années et l'année courante, le droit d'être colloqué avant le créancier hypothécaire inscrit postérieurement. Or n'est-il pas évident que dans la première hypothèse le créancier hypothécaire n'a pas été averti par les registres du conservateur de la masse des intérêts pour lesquels le vendeur passerait avant lui ? Mais alors, pourquoi le défaut de publicité serait-il, dans la seconde hypothèse, un obstacle à l'admission du privilége pour tous les intérêts ? Comme il faut admettre l'effet rétroactif de l'inscription du privilége du vendeur, pour le capital et tous ses accessoires, et comme il faut faire fléchir en cette matière le principe de publicité, on ne doit pas se fonder sur ce principe pour refuser la garantie du privilége aux intérêts de plus de deux années et l'année courante (1).

Il faut d'ailleurs observer que les tiers n'auront jamais beaucoup à souffrir de la collocation des intérêts de plus de deux ans et l'année courante au même rang que le capital. En effet, je ne pense pas que le vendeur puisse réclamer les intérêts de plus de cinq années, à cause de la prescription établie par l'article 2277, d'après lequel les intérêts, les arrérages, et tout

---

(1) L'objection tirée du défaut de publicité du privilége pour les intérêts, qui est la conséquence de ce système, ne peut être ainsi combattue quand il s'agit du droit de suite; car le législateur n'a pas abandonné le principe de publicité du privilége du vendeur pour le capital, à l'égard des tiers acquéreurs. Néanmoins les raisons invoquées en faveur de la solution généralement admise — dont on exagère les inconvénients — ne permettent pas de s'arrêter à cette objection, fondée sur des considérations de fait plutôt que de droit.

ce qui est payable par année ou à des termes périodiques plus courts, se prescrivent par cinq ans. Il est vrai que les intérêts d'un prix de vente ne sont pas payables à des termes périodiques quand ils sont dus pour simple retard ; mais il faut néanmoins leur appliquer la prescription de l'art. 2277, dont le but est de poser une limite aux accroissements des dettes qui s'augmentent chaque jour, presque insensiblement, sans éveiller l'attention du débiteur, et qui l'entraîneraient ainsi à sa ruine si une courte prescription ne venait pas arrêter leur développement. Les tiers ne courront donc pas le danger de voir surgir une quantité énorme d'intérêts privilégiés sur l'immeuble qu'ils croyaient affranchi d'une charge aussi considérable.

La jurisprudence, fixée depuis longtemps sur notre question, n'admet pas l'application de l'art. 2151 au privilége du vendeur (Cass., 5 mars 1816, et Cass., sect. réunies, 1e. mai 1817, Dal., *Rép.*, v^is *Priv. et hyp.*, n° 423 ; Paris, 7 déc. 1831, Dal. 32, 2, 77). C'est aussi l'opinion de Duranton, t. XVI, n° 342, et t. XIX, n° 160 *bis* ; de Troplong, n° 219 ; de Mourlon, *Ex. crit.*, n°s 156 et s., et de M. Pont, n° 192 (1).

Cette argumentation s'applique aussi bien aux arrérages du prix consistant en une rente perpétuelle ou viagère qu'aux intérêts de celui qui consiste en un capital exigible. Il en est de même pour les intérêts des soultes dues dans un échange, (Cass. 11 mai 1863, Sir. 64, 1, 357), dans une *datio in solutum*, et pour ceux d'une somme stipulée comme charge d'une donation.

---

(1) En Belgique, depuis la réforme hypothécaire (loi du 16 décembre 1851), le privilége n'est donné que pour trois années au plus d'intérêts ou d'arrérages (art. 87).

Il a même été jugé que le privilége embrassait les intérêts des intérêts dus au vendeur par suite d'une convention ou d'une demande en justice (Bourges, 23 mai 1829, Dal., 30, 2, 32).

Le privilége s'étend à toutes les prestations pécuniaires mises à la charge de l'acheteur, car elles font partie du prix ; ainsi le vendeur qui a stipulé dans le contrat qu'une certaine somme serait payée par l'acquéreur à un tiers, est privilégié pour le payement de cette somme. Mais si les charges n'étaient pas liquides, le vendeur n'aurait pas de privilége pour les dommages-intérêts qui lui seraient dus à raison de leur inexécution ; car les dommages-intérêts ne peuvent être considérés comme faisant partie du prix de la vente, n'étant pas l'objet de l'obligation née du contrat.

On s'est demandé si le privilége du vendeur garantissait le remboursement des frais d'acte, de transcription, d'enregistrement qu'il aurait payés. Ces frais sont à la charge de l'acquéreur (art. 1593) ; le vendeur qui les a acquittés a donc le droit de lui en demander le remboursement. Mais on a contesté que le privilége s'étendît jusque-là. Cette créance, dit-on, ne peut être comprise dans la créance du prix, car les sommes payées à ce titre par le vendeur étaient dues, non pas à l'acheteur, mais au notaire ou au fisc ; en les payant, le vendeur a fait à l'acquéreur une avance, un prêt ordinaire, pour le recouvrement duquel il ne doit pas avoir un privilége (Caen, 7 juill. 1837, Dal., 37, 2, 144 ; — Duranton, t. XIX, n° 162 ; Martou, *Des priv. et hyp.*, t. II, n° 554). On répond que les frais et loyaux coûts du contrat sont l'accessoire du prix aussi bien que les intérêts ; ils sont la représentation d'une partie du prix, car le vendeur l'aurait fixé à un taux plus élevé s'il n'avait pas su que la loi les met au compte de l'acheteur. C'est donc lui qui, en réalité, en supporte la charge, de sorte qu'il n'est pas inexact de dire qu'ils sont compris dans le prix. En les acquittant, le vendeur ne fait pas un prêt à l'acquéreur, il obéit plutôt à une nécessité, quand celui-ci ne peut ou ne veut pas les payer. Ainsi, il peut être forcé de payer le notaire, qui, mandataire des deux parties, a le droit de le poursuivre, aussi bien que l'acheteur, en payement de ses honoraires et de ses avances. S'il veut intenter à l'acheteur l'action *ex vendito*, il faut qu'il fasse enregistrer l'acte de vente et qu'il acquitte les frais d'enregistrement, pour pouvoir le produire en justice. Enfin s'il veut conserver son privilége, il doit faire transcrire son titre et payer les frais de transcription. Ce sont là des dépenses nécessaires, dont le remboursement doit être garanti par le privilége, parce que la créance qu'elles font naître fait partie de la créance du prix. Supposons par exemple qu'un immeuble a été vendu 105.000 francs, les frais accessoires, estimés 5.000 francs, devant être payés par le vendeur et rester définitivement à sa charge; tout le monde admet que dans cette hypothèse le privilége garantit le recouvrement de la créance tototale, des 5.000 fr. destinés à couvrir les frais accessoires aussi bien que des 100.000 fr. de principal. Pourquoi ne garantirait-il pas le recouvrement des 5.000 fr. de frais accessoires en sus des 100.000 fr. stipulés comme prix de l'immeuble, si le payement de ces frais avait été mis par le contrat au compte de l'acheteur, et si néanmoins le vendeur les avait acquittés ? Les situations sont identiques dans les deux hypothèses : les solutions doivent donc être les mêmes (Limoges, 9 janv. 1841, Sir., 42, 2, 270 ; Cass. 1er av. 1863, Dal., 63, 1, 184 ; — Troplong, n° 220 ; Taulier, *Théorie du Code civil*, t. VII, p. 175 ; M. Pont, n° 194).

Le vendeur peut avoir fait des dépenses pour l'entretien ou la conservation de l'immeuble, entre la vente et l'entrée en jouissance de l'acheteur. La créance qu'il a contre ce dernier à cette occasion n'est pas privilégiée, cela résulte avec évidence de l'art. 2103-1°, qui ne donne le privilége que pour le payement du prix.

Section III. — Assiette du privilége.

Le vendeur, dit l'article 2103-1°, est privilégié sur l'immeuble vendu. Ces expressions nous permettent de déterminer l'assiette du privilége. Il est certain qu'il n'atteint pas les portions de l'immeuble qui n'ont pas été vendues, si ces portions viennent plus tard se réunir entre les mains de l'acheteur à celles qui l'ont été. Ainsi la partie A d'un fonds de terre ayant été vendue, le vendeur donne ensuite à l'acheteur la partie B du même fonds ; son privilége ne s'étend pas sur la partie B ; c'est là un point incontestable et incontesté.

Une personne, propriétaire d'une mine et de la surface, vend à une autre ces deux propriétés à la fois ; deux priviléges naissent de ces aliénations, parce que la mine et la surface sont deux propriétés tout à fait distinctes, même quand elles appartiennent à la même personne. La créance du prix de l'un des immeubles venant à s'éteindre pour une cause quelconque, cet immeuble est aussitôt affranchi du privilége qui le grève. Mais si un propriétaire vendait à un même individu un fonds avec la carrière qui s'y trouve, il y aurait alors une vente unique donnant lieu à un privilége qui grèverait à la fois la carrière et la surface, car celles-ci ne forment qu'une seule et même propriété quand elles sont réunies entre les mêmes mains. On aperçoit la conséquence de cette idée : le vendeur, ayant par exemple reçu le payement de la partie du prix afférente à la surface, conserverait néanmoins son privilége — qui subsiste pour le reste du prix — à la fois sur la propriété du dessus et sur celle du dessous.

Le privilége ne s'étend donc pas aux biens distincts de l'immeuble vendu que l'acheteur y aurait ajoutés depuis la vente, les ayant acquis de son premier vendeur ou de toute autre personne ; ces adjonctions sont sans contredit en dehors des termes de l'article 2103. Mais il s'étend aux accessoires, qui sont compris dans l'immeuble et qui sont ainsi implicitement désignés dans l'article 2103-1°. Seulement on se demande s'il porte sur tous les accessoires dont l'origine est postérieure à la vente, et sur toutes les améliorations survenues postérieurement.

D'après l'article 2133, l'hypothèque s'étend à toutes les améliorations survenues à l'immeuble hypothéqué : par exemple, aux accroissements formés par alluvion, aux relais, et même aux constructions nouvelles, réparations, plantations faites depuis la constitution de l'hypothèque ; en un mot, aux améliorations naturelles et industrielles. Les expressions de l'article 2133 embrassent également les objets mobiliers devenus immeubles par nature ou par destination, par suite de leur attache ou de leur incorporation à l'immeuble hypothéqué. Il s'agit de savoir si cet article est applicable aux priviléges.

Il est hors de doute que certaines améliorations ne peuvent échapper au privilége du vendeur, dont nous avons à nous occuper. Telles sont les augmentations de valeur de l'immeuble provenant de causes accidentelles, soit de la création d'un chemin de fer, soit de l'accroissement d'importance de l'endroit où il est situé, etc. Telles sont encore les améliorations résultant de réparations. On admet même que le privilége s'applique aux objets mobiliers attachés à perpétuelle demeure à l'immeuble depuis la vente, parce que ceux-là lui sont matériellement unis et qu'ils en sont véritablement les accessoires. Mais on conteste l'application du privilége aux objets placés dans le fonds pour son service et son exploitation, et devenus ainsi immeubles par destination : ils le sont devenus, dit-on, par une fiction juridique, mais ils ne sont pas en réalité des accessoires immobiliers ; comme ce n'est pas le vendeur qui les a mis dans le patrimoine de l'acheteur, ce serait méconnaître la cause du privilége que de l'étendre à ces objets ; s'il en est autrement pour la première catégorie d'immeubles par destination, c'est qu'ils font réellement partie de l'immeuble vendu et qu'une charge ne saurait grever celui-ci sans les grever eux-mêmes. Mais on ne peut en dire autant de la seconde catégorie d'immeubles par destination, qui

ne sont pas matériellement unis à l'immeuble principal, et qui, n'ayant pas été aliénés avec lui, ne doivent
pas être soumis au privilége (Poitiers, 22 mars 1848,
Dal., 50, 2, 46.). Pour le même motif, on refuse d'étendre le privilége aux constructions élevées par l'acheteur sur le terrain vendu ; ce sont des immeubles qui
sont, à ce point de vue, entièrement distincts de celui
qui a été vendu, et sur lesquels le vendeur ne doit avoir
aucun droit (Lyon, 26 janv. 1835, Dal., 36, 2, 163 —
MM. Aubry et Rau, t. III, § 284, texte et notes 5 et 6 ;
Pont, n° 197).

Malgré ces considérations, je pense que le privilége
du vendeur s'applique à toutes les améliorations survenues depuis la vente. En effet l'article 2133 dit qu'il
en est ainsi pour les hypothèques ; or un privilége
est une hypothèque privilégiée, à laquelle peuvent
très-bien s'appliquer les termes de cet article, qui,
ne posant pas une exception à une règle de droit, peut
être interprété largement. On dit que, faire peser le
privilége du vendeur sur des choses distinctes de
celle qui a été vendue, telles que des constructions
nouvelles, c'est dépasser la cause de ce privilége.
Cette objection n'est pas sans fondement ; mais n'est-
il pas vrai, d'un autre côté, que l'acheteur profite de
ces augmentations grâce au vendeur qui a mis l'immeuble dans son patrimoine ? n'est-il pas vrai qu'il a
des droits sur l'accessoire à cause des droits qui lui
ont été transmis sur le principal ? Dans le système
contraire, on viole la règle : *accessorium sequitur
principale ; jus soli sequitur œdificium.* On reconnaît que
le vendeur est privilégié sur certaines améliorations
en vertu de la règle précitée, et l'on conteste qu'il le

soit sur certaines autres, sans se soucier du principe sur lequel on vient de s'appuyer. Pourquoi faire des distinctions qui ne reposent sur aucun texte ; pourquoi s'engager dans la voie de l'arbitraire quand l'article 2133, dont l'application aux priviléges est si naturelle, pose un principe général justifié par les difficultés que les distinctions font surgir ? Le système contraire aurait les plus grands inconvénients et conduirait à la multiplication des procès. Il vaut mieux s'attacher à la règle si simple et si précise de l'article 2133, et reconnaître que le privilége du vendeur atteint les améliorations, quelles qu'elles soient, survenues à l'immeuble vendu. (Cass., 15 juill. 1867 ; Dal., 68, 1, 269 ; Bordeaux, 28 av. 1873, Dal., 74, 2, 57 — Martou, n° 558).

Tout le monde admet qu'une simple transformation de l'immeuble vendu n'éteint pas le privilége. C'était la règle romaine (L. 16, § 2, Dig., *De pign. et hyp.*, XX, 1), constamment suivie dans notre droit.

Celui qui a vendu la nue propriété d'un immeuble est privilégié sur la pleine propriété, quand l'usufruit vient se réunir à la nue propriété ; on doit en effet considérer cette réunion comme une amélioration de l'immeuble vendu, l'usufruit étant le droit accessoire. Mais si c'était l'usufruit qui avait été vendu, le privilége ne porterait pas sur la pleine propriété, dans le cas où l'acheteur aurait acquis postérieurement la nue propriété ; en effet la nue propriété étant le droit principal, le privilége établi sur l'usufruit ne peut s'étendre sur elle comme sur des accessoires. Tout au plus faut-il admettre qu'il subsiste malgré l'extinction de l'usufruit par consolidation.

Le vendeur profite des augmentations de valeur de l'immeuble vendu, résultant de l'extinction des charges qui pesaient sur lui. Nous venons de le voir pour l'usufruit : il en serait de même pour les servitudes. La servitude qui grevait le fonds vendu venant à s'éteindre, le privilége du vendeur n'est pas restreint à la valeur qu'aurait l'immeuble si elle subsistait encore : il s'étend aux avantages résultant de cet affranchissement.

Section IV. — **Rang du privilége.**

Le vendeur, en sa qualité de créancier privilégié, prime, sur l'immeuble vendu, les créanciers chirographaires et hypothécaires de l'acheteur. Il est bien entendu du reste qu'il passe après les créanciers hypothécaires inscrits sur l'immeuble vendu, antérieurement à la vente. Il n'a pu se créer sur eux un droit de préférence qui anéantirait leurs garanties. Quand l'article 2095 dit qu'un privilége donne un droit de préférence sur les autres créanciers, même hypothécaires, il sous-entend certainement les mots : *du même débiteur.*

Le vendeur peut aussi se trouver en conflit avec d'autres créanciers privilégiés sur le même bien, avec des vendeurs précédents ou subséquents du même immeuble : quel sera l'ordre d'après lequel se règlera la préférence entre eux? L'article 2103-1° répond à cette question : « S'il y a plusieurs ventes successives dont le prix soit dû en totalité ou en partie, le premier vendeur est préféré au second, le second au troisième », et ainsi de suite. Cette disposition s'explique aisément : *Secundus*, en revendant à *Tertius* le bien qu'il avait acheté de *Primus*, a acquis un privilége sur cet immeuble amoindri déjà par le privilége de *Primus*. *Tertius*, en vendant à son tour le même bien, acquiert également un privilége, mais sur l'immeuble diminué par le privilége de *Primus* et par celui de *Secundus*. Il en résulte que *Primus* doit être préféré à *Secundus*, et *Secundus* à *Tertius*. Ainsi un vendeur, comme créancier privilégié, passe avant les vendeurs subséquents et après les vendeurs précédents.

Ce ne sont pas les seuls créanciers privilégiés avec lesquels il puisse se trouver en conflit. En effet le Code civil et des lois spéciales établissent un certain nombre de priviléges sur les immeubles. D'après l'article 2104, les priviléges généraux sur les meubles, énumérés par l'article 2101, s'étendent aussi sur les immeubles ; ce sont les priviléges pour frais de justice, frais funéraires, frais de dernière maladie, salaires des gens de service, et fournitures de subsistances. D'après les articles 2103-3° et 2109, sont privilégiés sur les biens de chaque lot ou sur le bien licité, les cohéritiers — plus généralement les copartageants — pour la garantie des partages faits entre eux, pour les soultes ou retours de lots, ou pour le prix de licitation; et d'après l'article 2103-4$_0$, les architectes, entrepreneurs et ouvriers, sur la plus-value résultant de leurs travaux, pour les sommes qui leur sont dues. Une première loi du 5 septembre 1807 donne au Trésor un privilége spécial sur les immeubles acquis à titre onéreux par les comptables, postérieurement à leur nomination, ou par leurs femmes, pour le payement des débets de ceux-ci. Une deuxième loi du 5 septembre 1807 accorde au Trésor un privilége pour frais de justice criminelle, sur la généralité des meubles et des immeubles des condamnés. Enfin nous trouvons encore dans trois autres lois spéciales des priviléges sur les immeubles : dans celle du 16 septembre 1807, un privilége à l'Etat ou aux concessionnaires, pour les indemnités qui leur sont dues à raison de la plus-value résultant d'un desséchement de marais, sur cette plus-value : dans la loi du 21 avril 1810, art. 20, un privilége à ceux qui ont fourni des fonds pour l'établissement d'une mine, sur la mine ; et dans la loi du 17 juillet 1856, un privilége à l'Etat (pour ses prêts), aux syndicats, aux entrepreneurs, sur la plus-value résultant du drainage qu'ils ont facilité ou effectué. Il s'agit de savoir quel est, au milieu de tous ces priviléges, le rang de celui du vendeur.

Il faut d'abord mettre hors de cause les priviléges généraux de l'article 2101 ; l'article 2105, qui les fait porter sur les immeubles, en cas d'insuffisance des meubles, leur donne le pas sur les priviléges spéciaux de l'article 2103, c'est-à-dire sur celui du vendeur en particulier. J'ai déjà dit combien cette disposition de la loi se justifie peu ; je n'y reviens donc pas.

A l'égard des priviléges du Trésor, sur certains immeubles des comptables, pour le payement de leurs débets, et sur la généralité des immeubles des condamnés, pour les frais de justice, nous avons encore des textes qui nous permettent de déterminer le rang du privilége du vendeur. D'après l'article 5 de la première loi du 5 septembre 1807, et d'après l'article 4 de la seconde, ils ne s'exercent qu'après ceux désignés dans l'article 2103 du Code civil. Ainsi le vendeur passera, sur l'immeuble vendu, avant le Trésor créancier de l'acheteur pour les causes que j'ai signalées. Cette préférence est très-rationnelle; si le Trésor trouve l'immeuble dans le patrimoine de son débiteur, c'est que le vendeur l'y a placé ; il est de toute justice que ce dernier prime le Trésor sur le bien qu'il a procuré au débiteur commun.

Entre le vendeur et les copartageants, l'ordre doit se régler comme entre plusieurs vendeurs successifs. En effet les copartageants ont un privilége dont la nature est la même que celle du privilége du vendeur. Si l'un d'eux devient par le partage propriétaire exclusif d'un immeuble, c'est que les autres ont mis dans son patrimoine les droits indivis qu'ils avaient sur ce bien avant le partage ; et quand, par suite de cette opération, ceux-ci deviennent créanciers de leur copartageant, ils ont, pour être privilégiés, mêmes raisons que le vendeur d'un immeuble. On peut donc, à ce point de vue, assimiler le privilége du copartageant à celui du vendeur et faire entre eux un classement analogue à celui que fait la loi elle-même entre les priviléges de plusieurs vendeurs successifs. Si un immeuble dont le prix est encore dû vient à être partagé entre les héritiers de l'acheteur, c'est le vendeur qui passera avant l'héritier créancier de son cohéritier. Si au contraire un immeuble, échu à l'un des copartageants, vient à être vendu par ce dernier, c'est l'autre copartageant qui, pour la soulte qui lui est due, par exemple, primera le vendeur créancier du prix.

Lorsque le vendeur se trouve en conflit avec des architectes, entrepreneurs, ouvriers qui ont réparé ou augmenté l'immeuble vendu, la préférence appartient à ces derniers, sur la plus-value résultant de leurs travaux. Ainsi le privilége du vendeur s'étend aux améliorations, mais il est primé par celui des créanciers qui les ont procurées. C'est là une solution essentiellement équitable ; le créancier grâce auquel le gage commun a été conservé, a augmenté de valeur, doit passer le premier sur la plus-value dont il est l'auteur.

La même idée nous conduit à régler d'une manière analogue l'ordre de préférence entre le vendeur et les créanciers privilégiés sur la mieux-value qu'ils ont procurée à l'immeuble soit par le desséchement d'un marais, soit par le drainage de terrains marécageux. Ce sont eux qui passeront les premiers.

Nous n'avons pas à rechercher quel serait le rang du vendeur vis-à-vis des créanciers qui auraient prêté des fonds pour l'établissement d'une mine sur l'immeuble vendu : ils ne peuvent se trouver en conflit, car la mine étant une propriété distincte de la surface, le privilége du vendeur de l'immeuble ne s'étend pas sur la mine qui forme le gage des bailleurs de fonds (art. 17 de la loi du 21 avril 1810) ; il porte seulement sur le droit à la redevance qui est due par le propriéaire de la mine au propriétaire de la surface, et qui est fixée par l'acte de concession, même si les deux propriétés sont réunies entre les mêmes mains (art. 6, 18 et 19 de la même loi). Il est d'ailleurs bien évident que si une mine grevée du privilége des bailleurs de fonds avait été vendue, le vendeur serait primé par ceux-ci.

Selon quelques auteurs, le vendeur d'immeubles pourrait se trouver en conflit avec un certain créancier privilégié sur un meuble, avec le vendeur d'un objet mobilier attaché à l'immeuble vendu et devenu immeuble par destination. Nous savons que le privilége du premier s'étend à toutes les améliorations, et en particulier à celles qui résultent d'immobilisations accessoires. Mais on discute la question de savoir si le vendeur d'objets mobiliers devenus immeubles par destination conserve son privilége mobilier (1). Si l'on admet qu'il le conserve, on doit lui donner, sur le bien qu'il a fourni au débiteur commun, la préférence sur le vendeur de l'immeuble principal.

CHAPITRE II

DE LA CONSERVATION DU PRIVILÉGÉ DU VENDEUR.

SECTION Iʳᵉ.—**Application au privilége du vendeur du principe de publicité.**

Le privilége donne au vendeur un droit de préférence et un droit de suite. Mais pour qu'il produise cet effet, il ne suffit pas qu'il existe, il faut encore qu'il soit manifesté par un signe extérieur qui le fasse connaître du public. La loi du 11 brumaire an VII, qui a introduit dans notre législation le régime de publicité des charges hypothécaires, a imposé au vendeur l'accomplissement d'une certaine formalité pour la conservation de son privilége. L'article 2 de cette loi est général : « L'hypothèque ne prend rang

(1) Je rappelle qu'il n'a pas le privilége immobilier.

» et les priviléges sur les immeubles n'ont d'effet que
» par leur inscription dans les registres publics à ce
» destinés, sauf les exceptions autorisées par l'ar-
» ticle 11. » Appliquant ce système au privilége du
» vendeur, l'article 29, relatif au droit de préférence,
s'exprime ainsi : « Lorsque le titre de mutation con-
» state qu'il est dû au précédent propriétaire ou à ses
» ayant cause, soit la totalité ou partie du prix, soit
» des prestations qui en tiennent lieu, la transcrip-
» tion conserve à ceux-ci le droit de préférence sur
» les biens aliénés ; à l'effet de quoi, le conservateur
» des hypothèques fait inscription, sur ses registres,
» des créances non encore inscrites qui en résulte-
» raient, sans préjudice néanmoins du privilége
» accordé par l'article 12. » L'article 14, relatif au
droit de suite, est ainsi conçu : « Les créanciers
» ayant privilége ou hypothéque sur un immeuble,
» peuvent le suivre, en quelques mains qu'il se
» trouve, pour être payés et colloqués sur le prix
» dans l'ordre suivant : ..... 3° les précédents pro-
» priétaires, ou leurs ayants-cause, dont les droits
» auront été maintenus selon les formes indiquées
» par la présente, pour ce qui leur restera dû du
» prix, ou pour les charges qui en tiendront lieu... »
Le Code civil ne s'est pas beaucoup écarté sur ce
point de la loi de brumaire. D'après l'article 2106 :
« Entre les créanciers, les priviléges ne produisent
» d'effet à l'égard des immeubles qu'autant qu'ils
» sont rendus publics par inscription sur les registres
» du conservateur des hypothèques de la manière
» déterminée par la loi, et à compter de la date de
» cette inscription, sous les seules exceptions qui

» suivent. » Article 2108 : « Le vendeur privilégié
» conserve son privilége par la transcription du titre
» qui a transféré la propriété à l'acquéreur, et qui
» constate que la totalité ou partie du prix lui est
» due ; à l'effet de quoi la transcription du contrat
» faite par l'acquéreur vaudra inscription pour le
» vendeur.....; sera néanmoins le conservateur des
» hypothèques tenu, sous peine de tous dommages-
» intérêts envers les tiers, de faire d'office l'inscrip-
» tion sur son registre, des créances résultant de
» l'acte translatif de propriété, tant en faveur du ven-
» deur qu'en faveur des prêteurs. » Enfin, dans l'article 2166, il est dit que : « Les créanciers ayant pri-
» vilége ou hypothèque inscrite sur un immeuble le
» suivent, en quelques mains qu'il passe, pour être
» colloqués et payés suivant l'ordre de leurs créances
» ou inscriptions. »

On voit que les dispositions du Code civil se rapprochent beaucoup de celles de la loi de brumaire : le
privilége du vendeur se conserve par la transcription
du titre de mutation, pourvu que ce titre mentionne
la créance à laquelle est attaché le privilége ; en
outre, le conservateur des hypothèques doit faire
d'office une inscription spéciale de la créance privilégiée. Mais il résulte de la différence de rédaction des
articles 29 de la loi de brumaire et 2108 du Code
civil que ce dernier ne subordonne pas, comme le
faisait le premier de ces textes, la conservation du
privilége à l'accomplissement de cette formalité ;
l'omission de l'inscription d'office n'a plus pour conséquence que d'engager la responsabilité du conservateur vis-à-vis des tiers.

L'article 29 disait : « La transcription conserve au vendeur le droit de préférence : à l'effet de quoi le conservateur fait l'inscription d'office , » c'est-à-dire que cette inscription était nécessaire à l'effet de conserver le privilége. L'article 2108, de son côté, dispose que « le vendeur conserve son privilége par la trans- » cription : à l'effet de quoi celle-ci vaut inscription ; » le conservateur est néanmoins tenu de faire l'ins- » cription d'office sous peine de tous dommages- » intérêts envers les tiers, » mais il n'y est plus tenu à l'effet de conserver le privilége. C'est ce qui résulte d'ailleurs de la discussion qui eut lieu au Conseil d'État à propos de cet article (Fenet, t. XV, p. 358).

Les différents textes que je viens de citer ont donné lieu à de nombreuses difficultés ; l'article 2106 du Code civil, principalement, a suscité de vives controverses que justifie la singularité de sa rédaction. En disant que les priviléges immobiliers ne produisent d'effet qu'à compter de la date de leur inscription, ne semble-t-il pas exprimer que c'est cette date qui doit déterminer leur rang ? Ne semble-t-il pas ainsi les assimiler aux hypothèques ordinaires ? Mais alors, que devient l'article 2095, d'après lequel le privilége est un droit que la qualité de la créance donne à un créancier d'être préféré aux autres créanciers, même hypothécaires ? Et si l'on cherche à expliquer l'article 2106 tout en donnant à l'inscription du privilége un effet rétroactif, que devient le principe de publicité ? Le Code paraît ici poser une énigme. C'est à propos du privilége du vendeur que nous devons rechercher quel est le système de la loi, en tenant compte des différentes modifications qui ont été apportées au Code civil par des lois postérieures. D'une manière générale, nous devons nous demander comment il faut appliquer au privilége du vendeur cette règle écrite dans notre législation, que les priviléges n'ont d'effet que par l'inscription.

Trois systèmes se sont produits sur la question; pour mettre de l'ordre dans cette matière compliquée, je dois les développer successivement, en exposant pour chacun les explications qu'il donne sur les dispositions diverses de la législation dans les différentes phases qu'elle a traversées depuis la loi de brumaire, et en réservant en dernier celui que j'ai cru devoir adopter.

Premier système. — Un privilége immobilier doit, en principe, être rendu public à l'instant où il prend naissance, ou même avant. Celui du vendeur a été soumis à cette règle par la loi de brumaire au moyen d'un mécanisme ingénieux. D'après l'article 26 « les » actes translatifs de biens et droits réels susceptibles » d'hypothèques doivent être transcrits sur les registres » du bureau de la conservation des hypothèques dans » l'arrondissement duquel les biens sont situés. — Jus- » que-là ils ne peuvent être opposés aux tiers qui auraient » contracté avec le vendeur, et qui se seraient conformés » aux dispositions de la présente. » Ainsi, jusqu'à la transcription, le vendeur pouvait conférer à des tiers des droits réels opposables à l'acheteur. Vis-à-vis de l'acheteur, il avait bien cessé d'être propriétaire par le seul effet de la vente; mais à l'égard des tiers il restait propriétaire jusqu'à la transcription du titre de mutation. Le privilége — qui prend naissance au moment de l'aliénation au regard du public — naissait donc à l'instant même où la transcription était effectuée. Or c'était justement cette transcription qui, dans le système de la loi, devait le conserver en le publiant. Son existence était ainsi révélée au moment même où il prenait naissance ; transmission de la propriété, naissance du privilége, publicité, tout se produisait simultanément. De cette manière, les intérêts de chacun étaient pleinement sauvegardés. Jusqu'à la transcription, les tiers savaient que le vendeur à leur égard, n'avait pas cessé d'être propriétaire, et ne pouvaient compter acquérir des droits qui lui fussent opposables ; après qu'elle avait été effectuée, ils connaissaient le privilége. C'était la perfection même au point de vue de la sécurité des tiers et de la publicité. Quant au vendeur, il n'avait rien à redouter. Jusqu'à la transcription, son droit de propriété était pour lui une garantie complète ; les constitutions d'hypothèques, les aliénations consenties par l'acheteur (même quand elles avaieut été transcrites), ne pouvaient lui préjudicier, puisqu'il était resté propriétaire à l'égard des tiers. A partir de la transcription, son privilége, révélé aussitôt, avait son plein effet vis-à-vis de tous (pourvu que l'inscription d'office fût prise). Dès lors, on s'explique fort bien que la loi n'ait pas fixé de délai pour faire cette transcription ; c'est par la raison que rien, jusqu'à ce qu'elle fût faite, ne pouvait détruire et altérer les droits du vendeur. (Rouen, 7 déc. 1809, Sir., 10, 2, 83 ; Grenoble, 8 fév. 1810, Dal. *Rép.*, v^{is}, *Priv. et hyp.* n° 655 — Grenier, n° 374).

Le Code civil a-t-il innové sur ce point ? A-t-il abandonné ce système si logique, si satisfaisant à tous égards ? Le rapprochement des textes prouve suffisamment que les rédacteurs des articles 2106 et 2108 n'ont pas eu cette intention. La similitude de rédaction de ces textes et de ceux de la loi de brumaire est frappante : d'après l'article 2 de cette loi, l'hypothèque ne prend rang et les priviléges n'ont d'effet que par une inscription; d'après l'article 2106 C. civ., les priviléges ne produisent d'effet entre les créanciers qu'autant qu'ils sont rendus publics par une inscription. Aux termes de l'article 29 de la loi de brumaire, la transcription du titre de mutation conserve au précédent propriétaire le droit de préférence sur les biens aliénés; suivant la disposition de l'article 2108 du Code civil, le vendeur privilégié conserve son privilége par la transcription du titre qui lui a transféré la propriété. On retrouve ici les mêmes dispositions que dans la loi de l'an VII, consacrant le même système. Dans la pensée des rédacteurs des articles 2106 et 2108, le vendeur devait rester propriétaire, au regard des tiers, jusqu'à la transcription; l'article 91 du projet du Code civil — dont la discussion suivit celle de nos articles — exprimait, comme l'article 26 de la loi de brumaire, que « les actes translatifs de propriété qui n'ont pas été transcrits ne peuvent être opposés aux tiers qui auraient contracté avec le vendeur et qui se seraient conformés aux dispositions de la présente ». Ainsi la publicité du privilége devait, comme dans la législation antérieure, accompagner sa naissance. On soumit en principe les autres priviléges à la même règle, et, pour mieux faire ressortir cette théorie, on exprima dans l'article 2106 que les priviléges n'ont d'effet que par l'inscription, *et à compter de la date de cette inscription :* c'est-à-dire qu'ils doivent être rendus publics à l'instant où ils prennent naissance ou même avant, et que leur effet et leur rang sont subordonnés à cette condition. Ainsi pour le privilége du vendeur, le texte signifie qu'il n'a d'effet qu'autant qu'il est rendu public sur les registres du conservateur, et à compter de la date de la transmission même de la propriété, date qui se confond avec celle de la transcription valant inscription. Cela ne veut pas dire qu'il sera primé par des hypothèques légales ou judiciaires antérieures à cette époque; ce serait absurde, et ce n'est pas la pensée de la loi, qui d'ailleurs aurait pu s'exprimer d'une façon plus nette et plus précise. Les rédacteurs du Code ont voulu seulement consacrer le principe de la loi de brumaire, et ils l'ont fait en termes qui ne doivent pas prêter à l'équivoque, si l'on tient compte de la tradition et de l'intention du législateur. Une seule innovation a été introduite : l'omission de l'inscription d'office n'entraîne plus la perte du privilége du vendeur; mais à tous autres égards la théorie de la loi de l'an VII a été maintenue.

Tel devait être le système du Code civil dans la pensée de ses rédacteurs quand les articles 2106 et 2108 ont été votés. Mais l'article 91, qui faisait la base du système, a été supprimé ; renvoyé à la commission après avoir été discuté, il n'a pas reparu — on ne sait trop pour quelle cause — et il a été omis dans la rédaction définitive. Dès lors, l'article 2108 est devenu un non-sens. C'est encore la transcription qui conserve le privilége du vendeur, et ce n'est plus elle qui le fait naître en opérant la mutation de propriété vis-à-vis des tiers. Le privilége va donc naître sans être publié ; il va naître au moment même de la formation du contrat, qui opère la mutation de propriété vis-à-vis de tous ; et comme ce n'est plus l'opération par laquelle la propriété est transmise à l'égard des tiers qui doit leur révéler le privilége, il va nécessairement être clandestin dans l'intervalle qui s'écoulera entre la vente et la transcription. Faudra-t-il donc, quand il sera notifié au public, qu'il prime les hypothèques inscrites antérieurement du chef de l'acheteur ? Mais alors c'est la négation de toute publicité, c'est l'atteinte la plus profonde au vœu de la loi et à son but. Pourquoi la transcription serait-elle nécessaire pour que le privilége ait effet entre créanciers, si elle ne devait pas les prévenir de son existence ? Faudra-t-il, suivant le principe de l'article 2106, d'après lequel les priviléges n'ont d'effet à l'égard des créanciers que du jour de leur inscription, faudra-t-il qu'il ne prenne rang qu'à la date de la transcription et soit primé par les hypothèques antérieures ? Alors ce n'est plus un privilége. Comment sortir de cette impasse ?

Les partisans du système que j'expose ont imaginé divers expédients pour tourner la difficulté. Les uns, se fondant sur ce que l'article 2108 avait été voté en vue de ce principe, que le vendeur reste propriétaire à l'égard des tiers jusqu'à la transcription, ont conclu de la suppression de l'article 91 du projet, qui le consacrait, à l'abrogation virtuelle de l'article 2108 qui n'en était qu'une conséquence. La vente étant, d'après le Code civil, réputée connue de tous aussitôt qu'elle est conclue, doit l'être à tous les points de vue, aussi bien pour l'existence du privilége qu'elle fait naître que pour la mutation de propriété qu'elle effectue. Le pri-

vilége n'a donc plus besoin d'être publié ; la transcription serait une formalité vaine et sans objet. Ainsi,
peu importe que l'acheteur ait conféré des hypothèques sur l'immeuble ; le vendeur n'en souffrira pas, il
primera, sans avoir fait transcrire le contrat, les créanciers hypothécaires qui, ayant connu la vente, ont dû
connaître aussi le privilége. Qu'est-il besoin d'une notification du droit de préférence du vendeur, si ce
droit doit être exercé à l'encontre de créanciers inscrits avant qu'il ait été publié ? La nature du privilége s'oppose à ce que l'inscription n'ait pas un effet
rétroactif; dès lors, que signifie cette inscription (*lato
sensu*) si, étant prise alors que le privilége est déjà né,
elle doit produire un effet incompatible avec le principe
de publicité qu'elle est destinée à mettre en œuvre ? Il
est bien plus logique de considérer cette formalité
comme devenue inutile pour la conservation du privilége du vendeur depuis que la vente, étant réputée
connue de tous au moment même où elle est conclue,
opère d'une manière absolue la mutation de propriété
et fait naître aussitôt le privilége.

Le même raisonnement conduit à dire que le privilége est opposable aux tiers acquéreurs sans notification ; ces tiers, aussi bien que les créanciers hypothécaires, ont connu la vente, ont su que l'acheteur était
devenu propriétaire *erga omnes*, sans le secours de la
transcription ; ils doivent donc aussi savoir, indépen-
damment de toute notification, que le privilége existe.
Cependant quelques auteurs n'ont pas été jusque-là ;
considérant que, à l'égard du droit de suite, la transcription peut rendre public le privilége du vendeur
sans en fausser la nature, ils ont subordonné la con-

servation de ce privilége, vis-à-vis des tiers acquéreurs, à la condition d'une transcription du contrat antérieure à la sous-aliénation qui, faisant sortir l'immeuble du patrimoine de l'acheteur, arrête le cours des inscriptions — ou transcriptions valant inscriptions — du chef de ce dernier.

La théorie dans laquelle on efface l'article 2108 a paru trop hardie à quelques-uns des partisans du premier système, qui ont cherché à expliquer les textes du Code civil suivant ce système sans les supprimer. Se fondant sur un certain nombre de dispositions éparses dans le Code (art. 2180-4°, 2181, 2189), et sur l'article 2108 qu'on a laissé subsister dans la rédaction définitive, ces auteurs ont soutenu que la transcription était encore nécessaire sous l'empire du Code civil pour opérer la transmission entre-vifs de la propriété à l'égard des tiers, et que l'omission de l'article 91 du projet n'avait pas eu pour cause l'abandon de ce principe. Le système du Code civil sur la conservation du privilége du vendeur serait donc celui de la loi de brumaire, celui que le législateur avait en vue quand l'article 2108 a été voté.

Le Code de procédure, venu deux ans après le Code civil, a introduit une innovation importante dont l'influence s'est fait sentir en notre matière. L'article 834 est ainsi conçu : « Les créanciers qui, ayant une hy-
» pothèque aux termes des articles 2123, 2127 et
» 2128 du Code civil, n'auront pas fait inscrire leurs
» titres antérieurement aux aliénations qui seront
» faites à l'avenir des immeubles hypothéqués, ne
» seront reçus à requérir la mise aux enchères...,
» qu'en justifiant de l'inscription qu'ils auront prise

» depuis l'acte translatif de propriété, et au plus tard
» dans la quinzaine de la transcription de cet acte. —
» Il en sera de même à l'égard des créanciers ayant
» privilége sur des immeubles, sans préjudice des au-
» tres droits résultant au vendeur et aux héritiers,
» des articles 2108 et 2109 du Code civil. » Il résulte
de ce texte que malgré l'aliénation, malgré la transcription, jusqu'à l'expiration de la quinzaine de cette
transcription, les créanciers à qui l'aliénateur a consenti des hypothèques sur l'immeuble antérieurement
à l'aliénation peuvent encore s'inscrire utilement. Le
vendeur reste donc propriétaire, à l'égard de ces
créanciers, jusqu'à l'expiration de la quinzaine de la
transcription, puisque jusque-là ceux-ci peuvent prendre sur l'immeuble inscription de son chef ; il ne cesse
pas d'être propriétaire à leur égard avant la transcription de l'acte qui constate la vente qu'il a conclue. Un
tiers, auquel l'acheteur a revendu l'immeuble, ne fait
pas courir le délai de quinzaine à l'égard des créanciers non inscrits du premier vendeur en faisant transcrire seulement son propre titre d'acquisition ; son
vendeur, qui n'avait pas fait transcrire son titre, n'é-
tait pas propriétaire vis-à-vis de ces créanciers, et n'a
pu le rendre propriétaire à leur égard, étant donnée la
règle *Nemo plus juris in alium transferre potest, quàm
ipse habet.* Le tiers acquéreur ne peut devenir propriétaire au regard de ces créanciers qu'après avoir
fait transcrire la première vente ; seule, cette transcription les avertit que l'immeuble de leur débiteur a
changé de mains ; seule, elle peut être considérée
comme une sommation à leur adresse de s'inscrire
dans la quinzaine.

Chaque acquéreur nouveau doit donc faire transcrire les titres de tous ses auteurs pour arrêter le cours
des inscriptions du chef de tous et pour devenir propriétaire *erga omnes* ; mais en même temps il va
révéler les priviléges des vendeurs précédents par la
transcription de leurs titres. La transcription retrou-
vant en partie son utilité pour l'acheteur et ses ayant
cause, l'article 2108 du Code civil reprend sa signification.

La loi du 23 mars 1855 est venue rétablir en entier
le principe formulé par l'article 26 de la loi de brumaire. Jusqu'à la transcription, les actes entre-vifs
constitutifs de droits réels ne peuvent être opposés aux
tiers qui ont des droits sur l'immeuble et qui les on
conservés en se conformant aux lois (art. 3). Le vendeur reste donc propriétaire vis-à-vis des tiers jusqu'à
la transcription, qui fait naître son privilége et qui
lui donne la publicité. L'acheteur ne peut constituer
des hypothèques sur l'immeuble à son préjudice tant
que cette formalité n'est pas accomplie; mais les tiers,
qui savent que le vendeur est encore propriétaire à
leur égard, ne peuvent pas être trompés. A partir de
la transcription, le privilége leur est révélé ; le système de publicité est ainsi parfaitement organisé.

Cette théorie devrait s'appliquer dans toutes les
hypothèses, aussi bien quand l'immeuble a été revendu que lorsqu'il a été hypothéqué par l'acheteur ;
le droit du vendeur ne devrait pas être exposé à périr.
Cependant l'article 6 en dispose autrement : à partir
de la transcription. les créanciers privilégiés ne peuvent prendre utilement inscription sur le précédent
propriétaire : néanmoins, le vendeur peut utilement

inscrire son privilége dans les quarante-cinq jours de
l'acte de vente, nonobstant toute transcription d'actes
faits dans ce délai. Comment expliquer cette disposition ? Le vendeur qui ne s'est pas inscrit (la transcription n'ayant pas été faite) est resté propriétaire au
regard des tiers; son privilége, qui n'est même pas
né, né devrait pas périr faute d'inscription ou de
transcription valant inscription antérieure à la transcription d'une revente. Comment le sous-acquéreur,
qui est un tiers pour le premier vendeur, peut-il devenir propriétaire par la seule transcription de son titre,
alors que celle du titre de son vendeur n'est pas faite
et que le premier vendeur est encore propriétaire à
l'égard des tiers, et par conséquent à son égard? La
disposition de l'article 6 de la loi de 1855 est en contradiction avec le principe posé dans l'article 3.

Tel est le premier système sur l'application au privilége du vendeur de la règle que les priviléges n'ont
d'effet que s'ils ont été inscrits (Grenoble, 8 fév. 1810,
Dal. *Rép.*, v^{is} *Priv. et hyp.*, n° 655 ; Bordeaux, 15
juill. 1857, Sir., 57, 2, 185; Cass., 1er mai 1860, Sir.,
60, 1, 602; — Mourlon, *Ex. crit.*, n°s 234 et s.; Append.,
n° 370 ; MM. Pont, n°s 249 et s. ; Hureaux, *Études sur
le Code civil*, 1re étude, n°s 9 et s. ; 2e étude, n°s 127
et s.). On a vu à quelles difficultés il se heurtait sous
l'empire du Code civil et sous la loi de 1855 ; pour le
soutenir, il faut ou supprimer des textes contenus dans
le Code, ou considérer comme maintenues, comme
sous-entendues, des dispositions que le législateur a
écartées ; il faut se mettre en contradiction avec l'article 6 de la loi de 55. On s'appuie sur la loi de brumaire, qui, dit-on, a proclamé le principe que le ven-

deur reste propriétaire à l'*égard des tiers* jusqu'à la transcription. C'est faire une interprétation beaucoup trop large de l'article 26 de cette loi. Dans l'ancien droit, c'était la tradition qui opérait *erga omnes* la transmission de la propriété ; ce fut longtemps la tradition effective, et plus tard, dans un grand nombre de coutumes, ce fut la tradition feinte, c'est-à-dire le simple consentement contenu dans la convention de donner, qui eut cet effet. Avant la loi de brumaire, la convention réalisait donc par elle-même le transport de la propriété à l'égard de tous. Cette loi innova à ce sujet, mais en un point seulement : jusqu'à la transcription, dit l'article 26, les actes translatifs de droits susceptibles d'hypothèques ne peuvent être opposés aux tiers qui auraient contracté avec le vendeur, et qui se seraient conformés aux dispositions de la loi. N'est-ce pas dire simplement que, jusqu'à la transcription, le vendeur reste propriétaire à l'égard des tiers qui contractent avec lui et peut valablement conférer sur l'immeuble des droits que l'acheteur et ses ayants-cause ne peuvent méconnaître en opposant le titre d'acquisition ? Là se borne l'innovation : la vente n'est plus par elle-même translative de propriété au regard des ayants-cause du vendeur. Mais où voit-on qu'elle ne le soit plus à l'égard des ayants-cause de l'acheteur ? La loi dit seulement que la vente ne peut être opposée *aux tiers qui auraient contracté avec le vendeur.* Ce n'est pas en faveur de ce dernier que la mutation de proprieté, vis-à-vis de certaines personnes, est suspendue jusqu'à la transcription ; c'est en faveur de ses ayants-cause. Il n'est jamais venu à la pensée des rédacteurs de la loi de brumaire que le vendeur pourrait se prévaloir du défaut de transcription et exercer la revendication jusqu'à l'accomplissement de cette formalité; seuls ses ayants-cause peuvent se prévaloir du défaut de publicité de la vente.

Dira-t-on, pour soutenir que jusqu'à la transcription le vendeur reste propriétaire vis-à-vis de tous les tiers, que si le vendeur peut jusque-là consentir sur l'immeuble des droits réels opposables aux ayants-cause de l'acheteur, c'est qu'il est encore propriétaire à leur égard ? Dira-t-on qu'il serait contradictoire que lorsque les créanciers du vendeur peuvent encore s'inscrire utilement sur le fonds vendu, lorsque lui-même peut encore créer des hypothèques nouvelles, les créanciers de l'acquéreur puissent simultanément acquérir ou exercer sur ce même fonds des droits hypothécaires (Rouen, 7 déc. 1809) ? Mais un tel raisonnement conduit à dire que c'est seulement par la transcription que l'acheteur lui-même devient propriétaire, car le vendeur peut jusque-là conférer à des tiers des droits qui lui sont opposables comme ils le sont à ses ayants-cause. Or cette conséquence est manifestement contraire à l'esprit de la loi de brumaire et au texte de l'article 26. Si le vendeur a la faculté, jusqu'à la transcription, de consentir des droits réels sur l'immeuble vendu, c'est parce qu'il est encore propriétaire vis-à-vis de ses ayants-cause ; mais cela n'implique pas qu'il le soit à l'égard des autres personnes. On pourrait même dire que le vendeur a cessé d'être propriétaire *erga omnes* par le seul effet de la vente, et que le droit accordé à ses ayants-cause de méconnaître l'aliénation qui n'a pas été publiée avant l'acquisition de leurs droits, est une sorte de restitution établie en leur faveur contre les conséquences d'une mutation de propriété dont ils n'ont pas été avertis : « De ce qu'un

homme de mauvaise foi, » dit M. Rivière, « peut concé-
» der à des tiers des droits sur un immeuble qu'il a
» déjà vendu, il n'est ni juste ni rationnel d'en tirer
» une conséquence quant aux droits qu'il peut avoir
» lui-même.» (*Rev. crit.*, année 1859, t. XV, p. 433.)

Ainsi, on ne peut pas dire que, sous la loi de brumaire, le privilége du vendeur n'avait pas raison d'être
jusqu'à la transcription, le vendeur étant toujours
propriétaire vis-à-vis des tiers et trouvant dans la
chose même dont il gardait la propriété à leur égard
une garantie complète. On ne peut pas dire que le privilége naissait conservé, et qu'il était publié dès qu'il
prenait naissance. C'était la vente elle-même qui le
faisait naître, puisque c'était elle qui opérait la mutation de propriété au regard de l'acheteur et de ses
ayants-cause. La transcription devait le conserver en
le publiant postérieurement.

On sait combien les dispositions du Code civil pa-
raissaient embarrassantes aux partisans du premier
système. Les uns supprimaient des textes et considéraient le privilége comme suffisamment révélé par la
vente. Comme on ne pouvait pas prétendre que sous
le Code civil la publicité du privilége accompagnait
sa naissance, on supprimait complétement la nécessité d'une notification de ce privilége et l'on effaçait
l'article 2108 comme devenu un non-sens depuis l'a-
bandon du principe posé dans l'article 91 du projet.
Ce résultat auquel on aboutissait aurait suffi à montrer le vice du système qui y conduisait. Les autres
maintenaient la nécessité de la transcription pour la
conservation du privilége à l'égard des sous-acquéreurs, mais non à l'égard des créanciers hypothécaires
de l'acheteur. C'était contradictoire, car si le privi-

lége devait être réputé connu de ces derniers sans
notification, il devait aussi être réputé connu des
tiers acquéreurs. D'autres voulaient maintenir le principe établi, suivant eux, par la loi de brumaire et le
projet du Code civil, que jusqu'à la transcription le
vendeur reste propriétaire à l'égard des tiers en général. Or nous savons que l'article 26 de la loi de
brumaire, dont l'article 91 du projet n'était qu'une
reproduction, ne formulait pas un principe aussi général et ne suspendait la mutation de propriété jusqu'à la transcription qu'à l'égard des ayants-cause du
vendeur (8me observ. du Trib. de Cass., Fenet, t. II,
p. 645). Mais que penser d'une doctrine qui, pour les
besoins de la cause, maintient une règle écrite dans
un article projeté qui n'a pas passé dans la rédaction
définitive de la loi? Si l'article 91 a été omis, c'est
que le législateur n'a pas voulu imposer à l'acheteur
la nécessité de la transcription pour devenir propriétaire *erga omnes*.

L'article 834 du Code de procédure prouve bien qu'il
en était ainsi; en permettant aux créanciers hypothécaires du vendeur non inscrits avant la vente de
s'inscrire jusqu'à la transcription, et même dans la
quinzaine suivante, il a bien indiqué que le vendeur
ne restait propriétaire jusqu'à cette époque qu'à l'é-
gard de ces créanciers, et qu'à l'égard de toute autre
personne la mutation de propriété était opérée par la
vente elle-même. Ainsi, à partir de la vente, le vendeur ne pouvait plus conférer aucun droit réel opposable à l'acheteur ou à ses ayants-cause. Le privilége prenait donc naissance au moment de la
vente; la transcription ne le révélait que postérieurement.

Enfin la loi de 1855, qui a rétabli le système de la loi de brumaire, n'a pas non plus suspendu jusqu'à la transcription la mutation de la propriété à l'égard des tiers autres que les ayants-cause du vendeur. Jusque-là, dit en substance l'article 3, la vente ne peut être opposée aux tiers qui ont des droits sur l'immeuble et qui les ont conservés en se conformant aux lois. C'est donc qu'elle peut être opposée à toute autre personne qu'à ces tiers, et par conséquent au vendeur, qui n'est pas un tiers et qui ne peut se prévaloir du défaut de transcription ni se prétendre propriétaire à l'égard des ayants-cause de l'acheteur. La loi ne dit pas que la vente ne peut être opposée par les tiers qui ont des droits sur l'immeuble, ce qui s'appliquerait aux ayants-cause de l'acheteur; mais qu'elle ne peut l'être aux tiers qui ont des droits sur l'immeuble, ce qui s'applique aux ayants-cause du vendeur, et signifie que jusqu'à la transcription ce dernier peut valablement concéder à des tiers des droits sur l'immeuble. Qu'on ne dise pas que la loi, en exprimant que la vente non transcrite ne peut être opposée aux tiers qui ont des droits sur l'immeuble, a voulu dire qu'elle ne pourrait être opposée aux tiers en général et qu'ainsi elle ne pourrait l'être par le vendeur aux ayants-cause de l'acheteur (qui sont des tiers), c'est-à-dire qu'elle ne serait pas translative de propriété à leur égard jusqu'à cette transcription. Que signifierait cette disposition, que le vendeur ne peut opposer la vente aux ayants-cause de l'acheteur et ne peut ainsi se faire considérer par ces derniers comme propriétaire? Quelle serait donc cette faculté qu'on lui enlèverait ? La faculté de se faire considérer comme non-propriétaire! Mais quel intérêt aurait-il à conserver cette faculté? Aucun. Alors pourquoi la lui retirer par une disposition législative, qui semble édicter une peine, une déchéance? Dans l'interprétation naturelle de l'article 3, tout s'explique : c'est l'acheteur, ce sont ses ayants-cause qui ne peuvent opposer la vente aux tiers qui ont des droits sur l'immeuble ; il y a là contre eux une déchéance attachée au défaut de transcription. Mais si le texte vise aussi le vendeur, il ne se conçoit plus.

D'ailleurs il est bien évident par l'article 6 que le vendeur ne reste pas propriétaire jusqu'à la transcription vis-à-vis des ayants-cause de l'acheteur. Cet article le dépouille de son privilége s'il ne l'a pas inscrit (ou s'il n'a pas fait transcrire la vente) avant la transcription d'une sous-aliénation — pourvu que quarante-cinq jours se soient écoulés depuis la vente. — S'il restait propriétaire jusqu'à la transcription de son propre contrat au regard des ayants-cause de l'acheteur, il n'aurait rien à craindre de la part d'un sous-acquéreur, qui ne pourrait devenir propriétaire à son égard qu'en faisant transcrire la première vente et en faisant apparaître ainsi son privilége. Aussi est-il impossible de concilier cette disposition de la loi de 55 avec le système du non-dessaisissement du vendeur vis-à-vis des tiers en général jusqu'à la transcription. Or, si cette doctrine est mal fondée sur ce point, elle doit être abandonnée complétement; car si la loi n'a pas admis que le vendeur restât propriétaire vis-à-vis des sous-acquéreurs jusqu'à la transcription, elle n'a pu l'admettre vis-à-vis des créanciers hypothécaires de l'acheteur. Dès la vente, le vendeur est dessaisi de sa

propriété à l'égard de tous autres que ses propres
ayants-cause. Son privilége naît dès ce moment, et il
naît clandestin, la transcription, qui doit le révéler, ne
pouvant être que postérieure à la vente, et par conséquent à sa naissance.

Deuxième système. — Par la vente, la propriété est
transférée vis-à-vis de tous autres que les ayants-cause
du vendeur ; le privilége prend donc naissance au moment où le contrat est définitivement conclu. Mais le
vendeur n'aliène pas tous ses droits en vendant l'immeuble ; il retient un droit réel, le privilége, comme
il pourrait retenir une servitude, un droit d'usufruit
sur le fonds vendu. Il transmet à l'acheteur une propriété diminuée de ce droit qui lui garantit le payement du prix. En un mot, c'est sous la réserve de son
privilége qu'il transfère la propriété. Son droit doit
donc être à l'abri de toute déchéance, puisqu'il n'a
rien acquis et s'est borné à conserver. Un vendeur qui
retient un droit d'usufruit sur l'immeuble vendu a-t-il
une formalité à remplir pour le conserver ? Non, car il
ne l'a pas acquis. Il doit en être de même pour le
privilége, qui est un droit retenu.

L'acheteur ne pouvant céder des droits plus étendus que ceux qu'il a lui-même, ne peut pas compro-
mettre l'existence du privilége du vendeur. S'il
concède à des tiers des droits réels sur l'immeuble, ce
n'est que sous la réserve du privilége ; n'ayant qu'une
propriété amoindrie, il ne peut aliéner ou hypothéquer qu'une propriété amoindrie. Rien ne doit nuire
au vendeur ; il est toujours autorisé à opposer son
privilége aux ayants-cause de l'acheteur. Ceux-ci n'ont

pas à se plaindre, car ils ont dû apprendre par l'inspection du titre de leur auteur qu'il n'avait pas une propriété pleine et entière, de même qu'ils doivent connaître par ce titre l'étendue de ses droits quand le vendeur a retenu une servitude ou un droit d'usufruit.

Cependant le législateur a voulu donner plus d'éclat à la publicité du privilége. Sous la loi de brumaire, c'était la transcription qui notifiait au public la mutation de propriété, et qui l'opérait à l'égard des ayants-cause du vendeur; c'était elle aussi qui publiait le privilége. Mais il n'en résultait pas que ce droit pût s'éteindre faute de transcription ou d'inscription antérieure à la transcription d'une revente, ou pût être primé par des hypothèques inscrites antérieurement. Avant la transcription, les tiers n'avaient pas dû compter sur l'immeuble qu'ils voyaient dans le patrimoine de l'acquéreur, car le vendeur avait la faculté de revendre ou d'hypothéquer l'immeuble à un autre qu'à son acheteur. Ainsi les créanciers de celui-ci ne pouvaient compter sérieusement sur le gage qui leur était présenté par leur débiteur, parce que sa propriété demeurait incertaine et équivoque jusqu'à la transcription. Il en était de même à l'égard d'un tiers acquéreur, qui n'avait d'autre moyen de consolider la propriété à lui transmise que de faire transcrire les titres de tous ses auteurs. Les tiers, qui n'avaient dû compter sur rien tant que la transcription de la vente n'avait pas été faite, n'étaient donc pas surpris quand le privilége apparaissait, d'autant plus qu'ils avaient dû en découvrir l'existence en consultant les titres de l'acheteur. Le privilége ne leur portait pas un préjudice imprévu; il leur était donc opposable même s'il n'avait été spécialement publié qu'après l'acquisition de leurs droits. A partir de la transcription, il était surabondamment révélé. Les tiers n'avaient donc jamais à se plaindre de n'avoir pas été avertis de l'étendue des droits que l'acquéreur avait pu leur conférer.

Ainsi le législateur avait attribué à la transcription destinée à publier la mutation de propriété, l'effet accessoire de publier en même temps la retenue du privilége. Mais cette disposition n'était pas contraire à ce principe que, le vendeur n'ayant rien acquis et s'étant borné à conserver, ne devait avoir aucune formalité à remplir pour la conservation de son privilége. Il avait la faculté de requérir la transcription ; mais c'était à l'acheteur, principal intéressé, qu'incombait cette tâche en premier lieu ; et quand la transcription avait été faite, ce n'était pas le vendeur, c'était le conservateur qui devait prendre d'office une inscription spéciale du privilége. La transcription, à quelque époque qu'elle fût faite, conservait le droit du vendeur. Si le législateur de brumaire avait attaché à cette formalité l'effet de conserver le privilége, c'est qu'il l'avait rendue nécessaire à un autre point de vue, et que dès lors il avait jugé bon de la faire servir à deux fins.

Mais qu'est-il besoin de transcription pour la conservation du privilége du vendeur, si elle n'est plus nécessaire pour publier la transmission de propriété ? Le Code civil, en la rendant inutile pour ce dernier objet, l'a rendue également inutile pour le premier. S'il l'a maintenue à cet égard dans l'article 2108, c'est qu'il croyait, à l'époque où cet article a été voté,

qu'elle serait prescrite pour la mutation de propriété
à l'égard des ayants-cause du vendeur (art. 91 du projet du Code civil). Mais comme l'article 91 a été supprimé, l'article 2108 a perdu sa signification. Déjà
le législateur de brumaire aurait pu se contenter,
pour la retenue du privilége, de la publicité procurée
par l'acte de vente, comme il s'en était contenté pour
la retenue d'une servitude ou de l'usufruit du fonds
vendu ; mais comme il avait institué la transcription
pour la publication des translations de propriété, il
avait trouvé naturel de la faire servir en même temps
à la conservation du privilége du vendeur qu'elle
notifiait. En la supprimant pour le premier objet, on
l'a aussi supprimée pour celui qui nous occupe.

Bien plus, même si l'on n'admettait pas que les
ayants-cause de l'acheteur, qui connaissent la vente
comme ayant opéré la mutation de propriété, doivent
être réputés la connaître aussi comme ayant fait naître
le privilége du vendeur, on devrait dire encore que
la transcription, sous l'empire du Code civil, est une
formalité inutile pour la conservation de ce privilége.
En effet, elle ne lui procurerait pas la publicité
qu'elle est destinée à lui donner. C'est au moment où
l'acheteur devient propriétaire *erga omnes* que les
tiers doivent avoir le moyen de connaître la retenue
du privilége ; ceux qui traiteraient avec lui à partir
de cette époque, alors que le privilége n'est pas
révélé, subiraient, le jour où il serait exercé contre
eux, un préjudice imprévu, car ils auraient cru en
traitant pouvoir compter absolument sur la solidité
du droit de l'acheteur (le vendeur n'ayant pas la
faculté de le diminuer ou de l'anéantir en concédant

à des tiers des droits sur l'immeuble). Or, dans la théorie du Code civil, c'est la vente elle-même qui rend l'acheteur propriétaire *erga omnes;* la transcription, se plaçant à une époque postérieure, viendrait donc publier la retenue du privilége alors que les tiers auraient déjà cru pouvoir traiter avec l'acheteur en toute sécurité! Ce ne serait pas un avertissement. Le privilége, en qualité de droit retenu, serait opposable aux créanciers de l'acheteur, aux tiers-acquéreurs, à tous ceux qui se seraient fait conférer des droits réels sur l'immeuble *avant* ou après cette publication; celle-ci n'aurait donc aucune signification. Ainsi, même en admettant que le privilége n'est pas suffisamment révélé par l'acte de vente, il faudrait encore dire que la transcription exigée pour la conservation du privilége du vendeur aurait été une formalité sans objet sous l'empire du Code civil.

En résumé, on devait regarder l'article 2108 comme implicitement abrogé depuis que la transcription n'était plus nécessaire pour publier et opérer la mutation de propriété vis-à-vis des ayants-cause du vendeur. Le privilége était donc par lui-même opposable aux ayants-cause de l'acheteur, créanciers hypothécaires, sous-acquéreurs et autres, qui avaient dû en connaître l'existence sans notification spéciale.

L'article 834 du Code de procédure civile est venu rendre à la transcription une partie de son utilité. Sous l'empire de cette disposition, on peut dire encore, en matière de droit de suite, que jusqu'à la transcription les ayants-cause de l'acheteur n'ont dû compter sur rien, parce que jusque-là le droit de l'acquéreur était incertain et équivoque par suite de la faculté qu'avaient les créanciers hypothécaires du vendeur de prendre inscription de son chef sur l'immeuble vendu. Un tiers acquéreur, en effet, n'arrête le cours des inscriptions du chef des précédents propriétaires que par la transcription des titres de tous ses auteurs. On peut donc reproduire le raisonnement énoncé à propos de la loi de brumaire, et dire : les tiers qui ont traité avec l'acheteur avant la transcription ne sont pas surpris par l'apparition du privilége, parce qu'ils n'ont pu compter sérieusement sur la solidité du droit qui leur était conféré (ayant su que la propriété de leur auteur était incertaine et équivoque jusqu'à la transcription), et que d'ailleurs ils ont dû s'assurer de l'étendue de ses droits par l'inspection de ses titres ; ceux qui ont traité après la transcription ont été surabondamment avertis de l'existence du privilége.

La loi de 1855 a rétabli la transcription sur les bases posées par la loi de brumaire. Tout ce qui a été dit sur cette loi au sujet de la conservation du privilége du vendeur devrait donc s'appliquer encore aujourd'hui. Il en est ainsi pour le droit de préférence ; mais pour le droit de suite la nouvelle loi contient une disposition en opposition manifeste avec les principes. L'article 6 soumet le privilége du vendeur à une chance de perte : l'inscription ne peut plus en être faite si, quarante-cinq jours s'étant écoulés depuis la vente, une sous-aliénation a été transcrite avant la première vente. N'est-ce pas contraire au principe que l'acheteur, ne pouvant transférer plus de droits qu'il n'en a lui-même, n'a pas le moyen de porter atteinte au droit qui a été retenu par le vendeur, à son privilége, en conférant à des tiers des droits sur l'immeuble? Le tiers acquéreur, qui a pu connaître par le titre de son auteur la créance du précédent propriétaire, va donc se débarrasser du privilége par la simple transcription de son propre contrat! C'est là une disposition injuste, que le législateur de 1855 a eu tort de consacrer, et qu'il est à souhaiter de voir disparaître de nos lois.

Ce système est celui de mon savant maître M. Valette (*De l'effet ordinaire de l'inscription en matière de priviléges sur les immeubles. — De l'effet de la transcription relativement au privilége du vendeur*, Rev. prat., t. XVI, p. 433 et s.) Malgré l'autorité qui s'attache aux opinions de l'éminent professeur, et malgré la logique de ce système, je ne crois pas devoir le suivre, pour différents motifs que je vais essayer d'exposer rapidement.

Il est certain qu'il y a des priviléges qu'on ne peut pas qualifier de droits retenus. Les priviléges généraux qui s'étendent sur les meubles et les immeubles, le privilége des ouvriers, sont des droits acquis, car les créanciers auxquels ils sont donnés n'ont rien aliéné et n'ont pu par conséquent rien retenir. Si l'on admet que le vendeur, et peut-être le copartageant, ont des droits retenus sur l'immeuble vendu ou partagé, on reconnaît ainsi qu'il y a deux classes de priviléges d'une nature bien différente. Or l'article 2095, qui définit le privilége, n'autorise pas à faire une telle distinction; il ne reconnaît qu'une seule classe de priviléges, en donnant une sorte de définition qui s'applique à tous. Il dit que le privilége est un droit que *la qualité de la créance* donne à un créancier d'être préféré aux autres créanciers, même hypothécaires. Ces expressions s'appliqueraient-elles à des priviléges retenus ? Non, car des priviléges de cette nature primeràient les hypothèques non pas à raison de la qualité de la créance garantie, mais à raison de leur nature de droits retenus ; ils les primeraient, parce que l'acquéreur, n'ayant eu qu'une propriété amoindrie dès l'origine, n'aurait pu conférer des hypothèques que sur une propriété diminuée du droit retenu par l'aliénateur. Ainsi le vendeur serait préféré aux créanciers hypothécaires de l'acheteur parce qu'il se serait réservé un droit à l'abri de toute atteinte, comme il aurait pu se réserver un droit d'usufruit ; mais ce ne serait pas à raison de la qualité de sa créance privilégiée, favorable aux yeux de la loi. Or les termes de l'article 2095 s'opposent à cette donnée.

A part cette considération, d'autres motifs doivent encore nous porter à rejeter cette théorie. C'est en premier lieu la tradition qui y est contraire. Simon d'Olive, dans un passage rapporté plus haut, Despeisses, considèrent le privilége comme *acquis* par le vendeur. Ce qui confirme leurs dires, c'est que déjà dans l'ancien droit le vendeur d'immeubles était primé par des créanciers privilégiés sur les meubles et les immeubles, créanciers pour frais funéraires, frais de dernière maladie, etc. Or, si son privilége avait été un droit retenu, aurait-il été soumis à cette préférence ? Evidemment non, car il est bien certain que les créanciers privilégiés dont je viens de parler n'auraient pu se faire payer sur l'usufruit retenu par le vendeur. Aujourd'hui, la même préférence est donnée à ces

créanciers sur le vendeur ; c'est donc que son privilége n'est toujours qu'un droit acquis.

Bien plus, le vendeur qui, n'ayant rien acquis
et s'étant borné à conserver, ne devrait avoir aucune formalité à remplir pour la conservation de son
privilége, est cependant tenu de le publier, tandis
qu'il n'aurait aucune publicité à donner à une servitude ou à un usufruit retenu : son privilége est
soumis à une inscription. Il est vrai que, quand la
transcription de la vente a été faite, c'est le conservateur des hypothèques qui est chargé d'office de
prendre l'inscription. Mais il n'en résulte pas que le
vendeur n'ait pas à veiller à la conservation de son privilége. Sous la loi de brumaire, l'omission de l'inscription d'office en entraînait la perte ; le vendeur avait
donc à surveiller l'accomplissement de cette formalité.
Comment expliquer une pareille disposition, si le
privilége du vendeur est un droit retenu qui, en cette
qualité, doit être à l'abri de toute déchéance ? Sous
l'empire du Code civil, ce privilége est encore exposé
à périr pour différentes causes provenant des exigences
de la loi à propos des formalités auxquelles est subordonnée sa conservation. M. Valette admet lui-même
(*Rev. prat.*, t. XVI, p. 467) que le privilége est éteint
si l'inscription n'a pas été portée par le conservateur
dans l'état que le nouveau possesseur a requis depuis
la transcription de son titre. Or ce résultat est incompatible avec la nature d'un droit retenu : une servitude que se serait réservée le vendeur sur l'immeuble
aliéné ne serait pas soumise à des chances d'extinction
de ce genre.

Il faut ajouter que la doctrine dans laquelle le privi-

lége du vendeur est un droit réservé aurait les conséquences les plus fâcheuses dans la pratique. Après dix,
vingt ventes successives, peut-être à de longs intervalles, le premier vendeur pourrait encore s'inscrire
et exercer son privilége à l'encontre du propriétaire actuel. Ce dernier, qui aurait traité avec son
auteur sans demander la représentation des titres les
plus anciens, qui aurait pu légitimement penser que
depuis une époque aussi reculée le prix de la première
vente avait été payé, se verrait opposer un privilége
qu'il n'aurait pu raisonnablement prévoir ! Cette conséquence est trop désastreuse pour qu'on veuille admettre le système qui y conduit.

Du reste, elle a été écartée par la loi de 1855, qui
a ainsi condamné la doctrine que je combats. Le sous-
acquéreur, en faisant transcrire son titre, arrête le
cours des inscriptions du chef de son vendeur, aussi
bien à l'égard du premier vendeur qu'à l'égard de tout
autre créancier de son auteur immédiat. Aussi, au
point de vue du droit de suite, cette question est-elle
de pure législation. D'un autre côté, il me paraît difficile d'admettre que le législateur, qui a repoussé à
cet égard le système du dessaisissement partiel du
vendeur, n'ait pas voulu le rejeter en entier. Je pense
donc que cette théorie a été condamnée par la loi de
1855 même au sujet du droit de préférence.

J'arrive enfin au *Troisième système*, qui est celui
que j'adopterai. — Le vendeur, par l'effet de la
vente, est dessaisi de tout droit sur l'immeuble ;
mais il *acquiert* aussitôt un privilége qui est soumis
à une inscription ; comme la plupart des hypothèques

et des autres priviléges. Cependant une exception
a été introduite en sa faveur : il conserve son droit
aussi bien par la transcription de l'acte de vente
que par une inscription directe, sauf pour le conservateur l'obligation de faire l'inscription d'office.
Aucun délai n'est d'ailleurs fixé pour l'accomplissement de cette formalité ; aucune limitation n'est
apportée par l'article 2108 à la faculté pour le vendeur de s'inscrire comme créancier *privilégié*. Ainsi,
à quelque époque que la transcription ait été faite, il
prime les créanciers hypothécaires de l'acheteur même
inscrits antérieurement, parce qu'il a un privilége qui
lui donne un droit de préférence à raison de la *qualité
de sa créance*. Cependant il ne faut pas qu'il se laisse
surprendre par l'un de ces événements qui arrêteraient
le cours des inscriptions du chef de son débiteur ; que
l'acheteur vienne à se dessaisir de l'immeuble, qu'il
tombe en faillite, qu'il meure et que sa succession
soit acceptée sous bénéfice d'inventaire, aucune inscription ne peut plus désormais être prise de son chef,
et le vendeur qui ne se serait pas inscrit avant l'arrivée
de ces événements serait déchu de son droit. Il n'a
pas en effet, nous l'avons déjà vu, retenu un droit
réel sur l'immeuble aliéné ; il a acquis un privilége
dont la nature est la même que celle des autres charges hypothécaires, et qui est soumis aux mêmes causes
de déchéance. Ainsi, tant que le cours des inscriptions n'est pas arrêté pour les créanciers de l'acheteur,
il peut s'inscrire ou faire transcrire la vente, et exercer ensuite le droit de préférence même à l'égard des
créanciers hypothécaires de l'acheteur dont les inscriptions précèdent la sienne, et le droit de suite à

l'encontre des tiers acquéreurs. Que si l'inscription ne peut plus être prise pour les causes que j'ai signalées précédemment, il perd son privilége à tous les points de vue et se trouve rejeté dans la catégorie des créanciers simplement chirographaires.

Il faut appuyer cette théorie sur des textes, en tenant compte des différentes variations de la législation. Et d'abord, sous la loi de brumaire, c'est déjà la transcription qui conserve le privilége du vendeur ; mais il faut en outre que l'inscription d'office soit prise par le conservateur. Dès que le privilége est inscrit, il sort aussitôt son effet et donne au vendeur le droit de primer tous les créanciers de l'acheteur qui ont hypothèque sur l'immeuble. Le rang du privilége n'est pas déterminé par la date de son inscription, autrement ce serait une simple hypothèque légale. L'article 2 est significatif ; il établit ainsi l'opposition entre le privilége et l'hypothèque au point de vue qui nous occupe : « l'hypothèque *ne prend rang* » et les priviléges *n'ont d'effet* que par leur inscription » dans les registres publics à ce destinés » ; c'est dire clairement que le rang du privilége n'est pas, comme celui de l'hypothèque, fixé par la date de son inscription. Ainsi, le vendeur est préféré même aux créanciers hypothécaires de l'acheteur qui se sont inscrits avant lui ; mais ce n'est pas, nous l'avons vu, qu'il soit resté propriétaire jusqu'à la transcription — qui vaut inscription ; — ce n'est pas qu'il ait fait une aliénation partielle et qu'il ait retenu un droit à l'abri de toute atteinte ; si la préférence lui est donnée, c'est qu'en vendant son immeuble il a acquis sur lui un droit dont la nature est de primer les hypothèques, à raison de la qualité de la créance à laquelle ce droit est attaché.

L'article 14 de la loi de brumaire donne au vendeur le droit de suite contre les tiers acquéreurs, pourvu qu'il ait maintenu son droit selon les formes prescrites. Il doit accomplir ces formalités avant la transcription de la sous-aliénation, car cette transcription dépouille l'acheteur de sa propriété au regard de ses ayants-cause, et par conséquent à l'égard de son vendeur (art. 26). Dès qu'elle est effectuée, les créanciers du premier acquéreur ne peuvent plus s'inscrire sur l'immeuble, puisqu'il est sorti du patrimoine de leur débiteur. Si le premier vendeur n'a pas publié son privilége avant la transcription de la revente, il en est déchu à tous égards, et n'a plus ni droit de préférence ni droit de suite, ne pouvant plus inscrire son privilége, qui n'a d'effet qu'autant qu'il est inscrit (art. 2106 et 2166).

Sous l'empire du Code civil, la théorie est la même. Tandis que l'article 2134 dit que l'hypothèque *prend rang* du jour de son inscription, l'article 2106 exprime que les priviléges *produisent effet* entre les créanciers s'ils sont rendus publics par inscription ; l'opposition est encore bien marquée. Cependant l'article 2106 ajoute qu'ils ne produisent effet qu'à compter de la date de leur inscription, et semble ainsi exprimer que leur rang est déterminé par cette date. Mais il n'en est rien ; cette phrase, peut-être un peu ambiguë, signifie seulement que les priviléges ont effet dès qu'ils sont inscrits, qu'ils produisent un effet de *priviléges* à compter du jour où ils sont inscrits, et que dès cette époque le droit de préférence qu'ils donnent sur tous les créanciers hypothécaires peut être exercé. C'est leur effet, et non pas leur rang, qui est subordonné à l'inscription ; le texte ne dit pas qu'ils prennent rang à compter de la date de l'inscription, mais qu'ils produisent effet à compter de cette date. Ainsi le vendeur ne peut exercer son droit tant qu'il ne s'est pas inscrit ou qu'il n'a pas fait transcrire le contrat ; mais dès qu'il a rempli l'une ou l'autre de ces formalités (en temps utile), il peut, après avoir saisi l'immeuble dont le prix ne lui est pas payé par l'acheteur, se désintéresser sur le prix d'adjudication par préférence à tous les créanciers hypothécaires de son débiteur (Besançon, 15 juill., 1812, Dal., *Rép.*, v^is *Priv. et hyp.*, n° 675-5° ; Toulouse, 19 février 1823, *ibid.*).

Le droit de suite est également soumis à la condition d'une inscription ; l'article 2166, d'après lequel les créanciers ayant privilége ou hypothèque inscrite sur un immeuble le suivent en quelques mains qu'il passe, exige bien l'inscription pour les priviléges comme pour les hypothèques. Les rédacteurs du Code civil n'ont pas voulu s'écarter des dispositions de la loi de brumaire, qui, dans l'article 14, imposait aux créanciers hypothécaires et privilégiés la nécessité de l'inscription pour l'exercice du droit de suite. Le vendeur doit donc publier son privilége pour pouvoir suivre l'immeuble entre les mains d'un tiers acquéreur, et il doit le faire avant la sous-aliénation, car, dans le système du Code civil, ce n'est plus la transcription, c'est la convention elle-même qui opère la transmission de propriété vis-à-vis des ayants-cause de l'aliénateur, et qui par conséquent arrête le cours des incriptions à l'égard de ses créanciers, parmi lesquels se trouve le vendeur. Si ce dernier n'a pas publié son privilége par la transcription de la vente ou par une inscription directe antérieure à la sous-aliénation, il est déchu du droit de préférence et du droit de suite (Paris, 22 décembre 1809, Dal., *Rép.*, n° 672-1° ; Cass., 12 juill. 1824, *ibid*, n° 675-1°).

Ainsi, dans ce système, on n'a pas besoin de supprimer l'article 2108 ; on n'a pas besoin non plus de considérer la transcription comme restée nécessaire sous le Code civil pour opérer la mutation de propriété *erga omnes*. La transcription, devenue inutile à cet égard, garde toute son utilité au point de vue de la conservation du privilége du vendeur. Elle le publie, parce qu'il a besoin d'être publié pour avoir effet soit contre les créanciers hypothécaires de l'acheteur, soit contre les tiers acquéreurs. Il n'y a là rien d'anomal, car nous n'avons pas posé le principe que le privilége doit être rendu public au moment où il prend naissance. Tout s'explique et se justifie quand on admet que le vendeur acquiert un privilége qui doit n'être révélé que postérieurement à sa naissance. Aussi cette doctrine, qui respecte les textes du Code civil et qui n'ajoute pas à ses dispositions, me paraît-elle préférable à tous les points de vue.

Quant à l'article 834 C. pr., il est venu permettre au vendeur comme aux autres créanciers dont l'hypothèque ou le privilége a été acquis avant l'aliénation faite par le débiteur, de s'inscrire jusqu'à l'expiration de la quinzaine qui suit la transcription de cette aliénation. Le vendeur n'a donc plus à craindre d'être surpris par une revente soudaine qui vienne le dépouiller de son privilége non encore inscrit ; tant que la quinzaine de la transcription de cette revente n'est pas écoulée, il a la faculté de s'inscrire ou de faire transcrire la vente pour assurer la conservation de son droit. Mais aussitôt ce délai expiré sans qu'il ait rempli l'une ou l'autre de ces formalités, il est déchu de son privilége (Cass. 26 janv. 1813, Sir., 13, 1, 533 ; Montpellier, 9 juin 1853, Dal., 54, 2, 174).

Que signifie la dernière phrase de l'article 834 « Il » en sera de même à l'égard des créanciers ayant » privilége sur des immeubles, sans préjudice des » autres droits résultant au vendeur de l'article 2108 » du Code civil » ? Suivant les uns, cette dernière partie du texte réserverait au vendeur le droit de préférence après l'extinction du droit de suite, parce que l'article 2108 C. civ. auquel renvoie l'article C. pr. n'impose aucun délai au vendeur pour la conserva-tion de son droit de préférence par la transcription. Mais on ne conçoit pas comment ce droit, dont la conservation est subordonnée à une inscription, pour-rait être exercé sur un immeuble sorti du patrimoine du débiteur, alors que le privilége n'a pas été inscrit en temps utile. Suivant les autres, l'article 834 *in fine* réserverait au vendeur le droit de conserver à tout événement son privilége par une publication conco-mitante à celle de la vente ; j'ai combattu précédem-ment cette théorie qui met le privilége du vendeur à l'abri d'une déchéance résultant du défaut d'inscription antérieure à l'époque où le cours des inscriptions à prendre du chef de l'acheteur est arrêté. Dans l'opi-nion commune, les derniers mots de l'article 834 C. pr. signifient : sans préjudice du droit pour le vendeur de conserver son privilége par la transcription de la vente sans avoir à prendre une inscription directe, droit qui lui est donné par l'article 2108 C. civ. C'est le sens que le législateur a sans doute voulu donner au texte (*Discours de Tarrible, orateur du Tribunat, au Corps législatif,* Locré, t. XXVI, p. 174) et c'est celui qui se présente le plus naturellement à l'esprit. (Grenier, *Hyp.*, n° 377 ; Persil, *Régime hypothécaire,* n 23).

Depuis la loi de 1855, c'est la transcription qui arrête le cours des inscriptions du chef de l'aliénateur. Ainsi, le vendeur ne peut plus conserver son privilége. par transcription ou inscription si l'acquéreur a consenti une sous-aliénation qui a été transcrite. Toutefois, par une faveur spéciale, le vendeur et le copartageant peuvent encore s'inscrire nonobstant toute transcription, si quarante-cinq jours ne se sont pas écoulés depuis la vente ou le partage. Ces dispositions de l'article 6 de la loi de 1855 viennent corroborer la théorie dans laquelle le vendeur n'a ni conservé la propriété jusqu'à la transcription de son titre à l'égard des ayants-cause de l'acheteur, ni retenu un droit réel à l'abri de toute déchéance, mais a acquis par la vente un droit qui peut s'éteindre, comme la plupart des hypothèques et des autres priviléges immobiliers, faute d'une inscription antérieure à l'époque où le débiteur se dessaisit à l'égard de ses ayants-cause de ses droits sur l'immeuble grevé. Le vendeur est alors déchu de son privilége, parce que le tiers acquéreur consolide sa propriété par la transcription de son propre titre vis-à-vis de tous les ayants-cause de son auteur immédiat dont les droits n'ont pas été publiés antérieure-

ment. Mais il faut observer qu'il ne la consolide ainsi
qu'à l'égard des tiers dont je viens de parler ; vis-à-
vis des ayants-cause des précédents propriétaires, il ne
devient propriétaire qu'en faisant transcrire les titres
de tous ses auteurs, s'ils ne l'ont pas été déjà. Ainsi,
un vendeur n'est pas privé par la transcription d'une
troisième vente de la faculté de s'inscrire, si la seconde
n'a pas été transcrite ; seule, la transcription de celle-
ci peut le dépouiller de son privilége non encore
publié, parce que seule elle dessaisit le premier acheteur de sa propriété au regard de ses ayants-cause. C'est
ce qui a été établi précédemment dans l'exposé du premier système à propos de l'article 834 C. pr.

En résumé, dans l'état actuel de la législation, le
vendeur doit publier son privilége avant la transcription d'une revente (sauf le délai de quarante-cinq jours
qui lui est accordé), et aussi, comme nous le verrons
bientôt, avant le jugement déclaratif de la faillite de
l'acheteur, ou avant le décès de celui-ci quand sa succession est acceptée sous bénéfice d'inventaire. S'il ne
l'a pas publié avant l'arrivée de ces événements, il est
déchu de son privilége, aussi bien au point de vue du
droit de préférence qu'au point de vue du droit de
suite. Mais s'il s'est inscrit ou s'il a fait transcrire la
vente avant que le cours des inscriptions ne fût arrêté,
il a conservé le droit de préférence sur *tous* les créanciers de l'acheteur et le droit de suite contre les tiers
acquéreurs (Cass., 6 mai 1868, Sir., 68, 1, 255 ; —
Troplong, *Priv. et hyp.*, t. I, n°s 266 *bis* et s. ; *Comment. de la loi de* 1855, n°s 275 et s. ; Mourlon, *De la
transcription*, n°s 624 et s. ; M. Duverger, *De l'effet de
la transcription relativement aux droits du vendeur,*

Rev. prat. ; t. X, p. 161 et s. ; t. XVIII, p. 449 et s.,
et p. 529 et s.)

, De fortes objections sont élevées contre ce système ; il faut tâcher d'y répondre. Pourquoi, dit-on, le
législateur aurait-il soumis à une inscription le privilége du vendeur, au point de vue du droit de préférence, s'il avait pensé que ce privilége dût naître au
moment de la vente et fût un droit acquis? Quelle
serait l'utilité et la signification des articles 2106 et
2108, relatifs au droit de préférence, si le vendeur,
créancier privilégié depuis la vente, devait primer les
créanciers hypothécaires de l'acheteur inscrits avant
lui, alors que ceux-ci auraient cru pouvoir traiter avec
l'acheteur en toute sécurité ? L'inscription du privilége
va donc avoir un effet rétroactif à leur égard! Mais
c'est la violation du principe de publicité ! Dira-t-on
que les créanciers de l'acquéreur ont été suffisamment
avertis de l'existence du privilége par les titres d'acquisition de leur débiteur, dont ils ont dû prendre
connaissance ? Si l'on adopte cette manière de voir, il
faut supprimer complétement la nécessité d'une publication spéciale pour la conservation du privilége,
puisqu'il est suffisamment révélé par l'acte de vente ;
et il faut la supprimer non-seulement pour l'exercice
du droit de préférence, mais encore pour l'exercice
du droit de suite, car les tiers acquéreurs, eux aussi,
ont dû connaître le droit du vendeur par l'inspection
des titres de leur auteur. Enfin, pourquoi soumettre le
privilége au régime de publicité vis-à-vis des sous-
acquéreurs, quand on l'en affranchit à l'égard des
créanciers hypothécaires? C'est une inconséqence à

12

laquelle on est forcément conduit dans la doctrine du dessaisissement complet du vendeur par la vente, et que l'on évite dans les autres systèmes.

Cette objection peut paraître embarrassante ; cependant il n'est pas impossible d'y répondre. Le législateur a posé une règle générale : les priviléges, sauf exceptions, n'ont d'effet qu'autant qu'ils sont inscrits ; celui du vendeur est soumis comme les autres à cette règle, sauf pour le vendeur la faculté de remplacer l'inscription par la transcription de la vente. Mais l'inscription assure-t-elle la publicité du privilége ? Oui, à l'égard des tiers acquéreurs, parce que rien ne s'oppose à ce que l'on subordonne l'effet du privilége à la condition d'une inscription antérieure à l'époque où l'acheteur se dessaisit *erga omnes* de sa propriété. Non, à l'égard des créanciers hypothécaires, parce que si l'on subordonnait le droit de préférence du vendeur à la condition d'une inscription antérieure à celles de ces créanciers, on fausserait la nature du privilége, qui doit primer toutes les hypothèques (art. 2095).

Mais pourquoi soumettre le privilége à la nécessité d'une inscription même au point de vue du droit de préférence, si cette publication ne doit pas prévenir les créanciers hypothécaires du droit qui leur est opposable ? Quelle est l'utilité des articles 2106 et 2108, s'ils n'organisent qu'une publicité menteuse ? Il est difficile de le découvrir. Cependant il me semble qu'on peut en donner une explication dans le système que j'ai suivi. Ces textes ne sont pas destinés à assurer au droit de préférence une publicité qui le plus souvent n'existerait pas ; ils ont un autre but, qui n'apparaît pas au premier abord, mais dont on peut néanmoins se rendre compte. Leur but est de protéger d'une manière complète un tiers acquéreur auquel le privilége n'a pas été révélé. Si les articles 2106 et 2108 n'existaient pas, on serait fondé à soutenir que, si le droit de suite est perdu faute d'inscription antérieure à l'époque où le débiteur s'est dessaisi *erga omnes* de sa propriété, le droit de préférence, non soumis à cette formalité, subsiste néanmoins et peut être exercé sur le prix de l'immeuble. Or, nos textes s'opposent à ce qu'il en soit ainsi. La survie du droit de préférence peut dans bien des cas être nuisible au tiers acquéreur ; si l'on suppose que des hypothèques inscrites avant l'aliénation absorbent une grande partie ou même la totalité de la valeur de l'immeuble, et que le vendeur non inscrit vienne réclamer la priorité sur le prix offert par le sous-acquéreur, les créanciers hypothécaires, qui ont conservé le droit de suite, vont peut-être, en se voyant exclus de la distribution de la somme offerte, être amenés à requérir une mise aux enchères de l'immeuble, qui va dépouiller le tiers acquéreur ou au moins le forcer, pour conserver l'immeuble, à se porter adjudicataire en dépassant la surenchère du requérant. C'est une conséquence possible de la survie du droit de préférence au droit de suite, conséquence qui est funeste au tiers acquéreur. En soumettant l'exercice du droit de préférence du vendeur à une inscription, les articles 2106 et 2108 ont écarté cette éventualité ; le vendeur, s'il n'a pas publié son privilége avant l'époque où le cours des inscriptions du chef de son débiteur est arrêté, est déchu de tout droit, car il ne peut plus s'inscrire sur un immeuble qui est sorti du patrimoine de celui-ci.

J'interprète ainsi l'article 2106 : les priviléges, pour avoir effet entre créanciers, doivent être inscrits : dès qu'ils le sont (pourvu que ce soit en temps utile), ils produisent leur effet de priviléges, qui est de primer toutes les hypothèques. Des exceptions sont apportées à l'une et à l'autre de ces propositions par les textes qui suivent ; *à la première*, par l'article 2107, qui dispense de la formalité de l'inscription — à l'égard des créanciers — les priviléges généraux de l'article 2101, et qui admet ainsi pour eux, par exception, la possibilité de la survie du droit de préférence au droit de suite ; par l'article 2108, qui donne au vendeur la faculté de conserver son privilége par la transcription de la vente ; *à la seconde*, par l'article 2109, qui refuse au privilége du copartageant un effet de privilége, quoiqu'il soit inscrit, si l'inscription n'a été prise qu'après l'expiration des soixante jours qui suivent le partage ; enfin, *aux deux propositions*, par l'article 2110 (combiné avec l'article 2103-4°), qui soumet le privilége des ouvriers à une double inscription et lui refuse un effet de privilége, quoique cette double inscription ait été faite, si celle du premier procès-verbal ne l'a été qu'après le commencement des travaux. On ne peut donc pas dire que, certaines des exceptions posées à l'article 2106 ne se rapportant pas à la survie du droit de préférence au droit de suite ; ce texte n'a pas eu pour objet de la rendre impossible en subordonnant l'effet du privilége entre créanciers à une inscription.

L'article 2106 n'a donc pas pour but d'établir la publicité des priviléges entre créanciers. On pourrait opposer les termes de l'article « entre les créanciers, » les priviléges ne produisent d'effet à l'égard des » immeubles qu'autant qu'ils sont rendus *publics* » par inscription », et dire que ce texte veut une publicité effective à l'égard des créanciers. Mais les expressions de l'article 2106 sont assez vagues pour qu'on puisse leur donner une autre portée ; il est permis de dire que la loi est satisfaite par cela seul que le privilége a été publié, quoiqu'il n'ait pas été révélé aux créanciers hypothécaires inscrits antérieurement; dès qu'il est inscrit, il devient public, il est rendu public, comme le demande l'article 2106.

Il faut observer d'ailleurs que les créanciers hypo-thécaires seraient mal fondés à se plaindre trop vivement. N'ont-ils pas dû consulter les titres de leur débiteur avant de lui faire crédit et de se faire donner une hypothèque sur l'immeuble ? N'ont-ils pas dû y voir la mention de la créance du vendeur ? Il est vrai qu'on pourrait en dire autant, *mutatis mutandis*, pour les tiers acquéreurs ; mais pour eux, notre législation a voulu une publicité plus complète. Il ne faut pas s'étonner de cette différence en notre matière ; sur bien d'autres points encore on peut s'assurer que notre législation est portée à mieux protéger les tiers acquéreurs que les tiers à qui des hypothèques sont conférées. On voit plusieurs manifestations de cette tendance dans le Code civil; ainsi, dans un certain nombre d'hypothèses, l'hypothèque qui ne peut plus être opposée à un tiers acquéreur peut encore l'être à des créanciers hypothécaires qui se sont inscrits sans avoir pu en connaître l'existence (art. 2135 comb. avec art. 2193 et suiv.; art. 2198). Ainsi les priviléges généraux de l'article 2101 sont dispensés d'inscription pour le droit de préférence et non pour le droit de suite (art. 2107). Ainsi encore la loi maintient l'aliénation d'un immeuble soumis au rapport, et révoque les hypothèques constituées sur lui, quand le rapport à la succession du donateur s'effectue (art. 860 comb. avec art. 865). Il n'est donc pas étonnant qu'en notre matière les intérêts des sous-acquéreurs soient mieux sauvegardés que ceux des créanciers hypothécaires de l'acheteur.

Une autre objection a été présentée contre le système que j'ai suivi, objection qui, d'ailleurs, ne peut plus être faite aujourd'hui qu'au point de vue législatif. Lorsque, dit-on, la vente n'a pas été transcrite, les tiers qui traitent avec le vendeur peuvent encore acquérir des droits opposables à l'acheteur et à ses ayants-cause, malgré la transcription d'une sous-aliénation. Comment le vendeur serait-il dépouillé, par cette transcription, de son privilége non publié, alors que dans cette circonstance ses ayants-cause ne sont pas dépouillés des droits non encore publiés qu'il a pu leur conférer ? Il devrait avoir un droit au moins aussi fort que ceux qu'il a pu concéder à des tiers.

Je ne vois cependant rien de contradictoire dans cette différence, qu'on ne peut plus contester depuis la loi de 1855 (art. 6). Que les ayants-cause du vendeur ne perdent pas la faculté de consolider leurs droits, alors que la vente n'est pas transcrite, même si une revente l'a été, rien n'est plus juste et plus naturel :

jusqu'à la transcription de la vente, le vendeur reste propriétaire vis-à-vis de ses ayants-cause ; l'acheteur qui n'a pas fait transcrire son titre ne peut donc transférer à un tiers qu'une propriété relative, qui ne deviendra absolue que lorsque le sous-acquéreur fera transcrire son propre titre *et celui de son auteur*. D'ailleurs les tiers qui traitent avec le premier vendeur ne sont pas avertis de l'aliénation qui l'a dépouillé de sa propriété, tant qu'elle n'est pas transcrite ; la transcription d'une sous-aliénation ne les avertit pas, car elle est faite non pas sur la désignation de l'immeuble, mais sur le nom de l'aliénateur, c'est-à-dire sur celui du premier acquéreur, que les ayants-cause du vendeur ne connaissent pas (loi du 21 ventôse an VII, art. 18). En consultant le registre des transcriptions, ils ne peuvent donc pas apprendre que celui avec lequel ils veulent traiter a cessé d'être propriétaire, puisqu'aucune transcription n'a été faite à son nom. Il est juste que la première vente ne leur soit pas opposable, et que leurs droits soient consolidés s'ils les publient avant la transcription de la première vente, nonobstant toute transcription d'aliénations consenties par l'acquéreur. Pour le vendeur, il n'en est pas de même ; il est, quant à lui, un ayant-cause de l'acheteur pour sa créance (1) ; son droit est donc perdu s'il ne l'a pas publié avant l'époque à laquelle l'acheteur s'est dessaisi de sa propriété à l'égard de ses ayants-cause, c'est-à-dire s'il ne l'a pas publié, par transcription ou inscription, avant la transcription d'une sous-aliénation. Les ayants-cause du vendeur n'ont rien à se

____

(1) L'acheteur, d'un autre côté, est l'ayant-cause du vendeur pour son acquisition.

reprocher, car ils ont traité avec lui sans savoir qu'il avait aliéné ; le sous-acquéreur, au contraire, est en faute à leur égard, car il aurait dû faire transcrire la première vente pour les avertir du dessaisissement du premier vendeur ; il est donc naturel qu'il ait à supporter les droits qu'ils ont acquis sur l'immeuble, s'ils se sont conformés aux lois pour les conserver. Le vendeur, quant à lui, est répréhensible de n'avoir pas publié son privilége ; de son côté, le sous-acquéreur n'est pas en faute, à son égard, de n'avoir pas fait transcrire la première vente, car c'est seulement la transcription de la sous-aliénation qui doit avertir les ayants-cause du premier acquéreur, et par conséquent le premier vendeur, du dessaisissement de ce premier acquéreur ; or cette transcription, ayant été faite, a publié la mutation de propriété et a dû mettre le tiers acquéreur à l'abri des droits acquis par des tiers du chef de son auteur, si ces droits n'ont pas été révélés antérieurement. Il est donc parfaitement logique et équitable que le premier vendeur perde son privilége s'il ne l'a pas publié avant la transcription d'une revente, tandis qu'il ne serait pas juste que les tiers à qui il a pu conférer des droits réels sur l'immeuble vendu les perdissent par suite de cette transcription, alors que la première vente n'est pas encore transcrite (M. Duverger).

Le vendeur n'est pas excusable de n'avoir pas publié son privilége ; il ne peut se plaindre de n'avoir pas eu le temps d'accomplir les formalités prescrites, d'avoir été surpris par une revente soudaine transcrite immédiatement ; la loi lui donne un délai de quarante-cinq jours à partir de la vente, délai pendant lequel il peut inscrire son privilége ou faire transcrire l'acte de vente nonobstant toute transcription de sous-aliénations consenties par l'acheteur.

On dit que le sous-acquéreur ne devrait pas avoir la faculté de se débarrasser du privilége non publié du premier vendeur en faisant transcrire son acte d'acquisition, parce qu'il a dû découvrir l'existence de ce privilége en consultant les titres de son auteur, dans lesquels se trouve la mention de la créance du premier vendeur. Ayant connu la clause du contrat qui a rendu l'acheteur propriétaire, il a dû connaître aussi celle qui a rendu le vendeur créancier du prix. Les diverses clauses d'un même acte forment un tout indivisible : on ne peut rejeter les unes en invoquant les autres. Il n'est donc pas juste que le tiers acquéreur, qui se fonde sur la première vente pour établir son droit de propriété, puisse méconnaître le droit du premier vendeur, dont il a dû avoir connaissance en traitant avec l'acheteur.

Exact en pure théorie, ce raisonnement l'est beaucoup moins en pratique. On peut très-bien connaître une acquisition et ignorer, sans être négligent, l'existence du privilége de celui qui en est l'auteur. Sans doute, si l'on se place dans l'hypothèse de deux ou trois ventes successives et rapprochées, il est permis de dire que le dernier acquéreur a dû connaître le privilége du premier vendeur, èt de regretter, dans certains cas particuliers, qu'il ait le moyen de s'en affranchir par une transcription antérieure à la publication de ce privilége. Mais d'autres hypothèses peuvent aussi se présenter ; si l'on suppose que plusieurs ventes ont été faites à de longs intervalles, et que la première n'a pas été transcrite, dira-t-on encore que le dernier acquéreur est en faute s'il ne connaît pas le privilége du premier vendeur, et qu'il devrait en subir les conséquences? Assurément non, car cet acquéreur a pu légitimement penser que le premier vendeur avait été payé, ou que sa créance était prescrite.

Le sous-acquéreur, dit-on, qui se fonde sur la première vente pour établir la propriété de ses auteurs, ne peut d'un autre côté prétendre avoir ignoré l'existence du privilége qu'elle a fait naître. Mais n'admet-on pas dans tous les systèmes que, sous la loi de brumaire, tandis que la vente était réputée connue de tous par la transcription, le privilége n'était cependant considéré comme suffisamment révélé que si l'inscription d'office avait été prise? N'admet-on pas généralement, même dans les doctrines opposées à celle que je défends, que sous l'empire du Code civil le privilége est exposé à périr si l'inscription en est périmée? N'est-ce pas parce qu'on le considère alors comme clandestin, quoique la vente soit réputée connue de tous? On voit donc que le législateur sait mettre de côté le principe de l'indivisibilité des clauses d'un même acte, quand l'application de ce principe lui paraît devoir présenter de graves inconvénients dans la pratique.

On attaque encore d'une autre manière la théorie contenue dans l'article 6 de la loi de 1855, qui consacre la doctrine à laquelle je me suis rattaché. Les créanciers hypothécaires de l'acheteur, dit-on, qui devaient être primés par le vendeur, vont trouver une protection inespérée dans la transcription d'une revente consentie par leur débiteur. Cette transcription, qui empêche le vendeur de remplir les formalités prescrites pour la

conservation de son privilége, va consolider leurs
droits sur un immeuble sur la valeur duquel ils ne dè-
vaient pas compter. C'est un résultat injuste!

Il est vrai que dans cette circonstance leurs droits
sont consolidés à l'égard du créancier privilégié qui
devait leur être préféré. Mais pourquoi le vendeur se
plaindrait-il? N'est-il pas en faute d'avoir tenu secret
son privilége jusqu'à la transcription qui le prive de la
faculté de s'inscrire? Ce résultat n'est pas injuste comme
on le prétend; il se rencontre d'ailleurs dans d'autres
hypothèses semblables. Un vendeur de meubles perd
son privilége quand l'objet qu'il a vendu est aliéné par
l'acheteur; il ne peut même, dans l'opinion commune,
exercer aucun droit de préférence sur le prix de la
revente. Dans cette hypothèse, les créanciers chirographaires de l'acheteur vont pouvoir concourir sur ce
prix avec le vendeur, qui les aurait primés si le meuble
était resté dans le patrimoine du débiteur, et vont ainsi
bénéficier de l'aliénation consentie par celui-ci, quoiqu'ils n'aient pas dû compter sur la valeur de l'objet
dont le prix sert à les désintéresser.

On objecte enfin qu'il est bien inutile de refuser
le privilége au vendeur qui ne l'a pas publié avant la
transcription d'une sous-aliénation, tandis qu'il a des
moyens indirects de parvenir au résultat qu'il aurait
obtenu par l'exercice de son privilége. Ne peut-il pas
conférer à des tiers des droits opposables au sous-
acquéreur? Ne peut-il pas revendre l'immeuble et se
faire payer par le nouvel acheteur qui s'empressera de
faire transcrire son titre avant la transcription de la
première vente, et qui dépossédera le tiers acquéreur,
malgré la transcription du titre de ce dernier? Je

reconnais qu'il a cette faculté, mais je conteste qu'il puisse ainsi parvenir au même résultat que par son privilége. Le recours en garantie auquel il serait soumis dans cette circonstance lui enlèverait le bénéfice que lui aurait procuré cette manœuvre. Rien n'est d'ailleurs plus facile au sous-acquéreur que de se garantir contre cette éventualité, en faisant transcrire le titre de son auteur après le sien.

Quant au droit de résolution, on ne peut plus dire aujourd'hui que, subsistant malgré la transcription d'une revente, il rende sans objet la perte du privilége. En effet la loi de 1855 subordonne la conservation de ce droit à celle du privilége (art. 7).

Section II. — **Du mode de publicité du privilége.**

Le privilége du vendeur se conserve par la transcription de l'acte de vente, pourvu que cet acte mentionne la créance privilégiée. Peu importe que la transcription ait été faite à la requête du vendeur ou à celle de l'acheteur ; dans l'un et l'autre cas elle publie le privilége, qui doit en outre être inscrit d'office par le conservateur sur le registre des inscriptions. Mais nous savons que l'existence du privilége est indépendante de l'accomplissement de cette formalité ; son omission n'engage que la responsabilité du conservateur vis-à-vis des tiers trompés par l'absence de l'inscription sur le seul registre qu'ils aient à consulter pour être à l'abri de tout reproche de la part du conservateur responsable, sur le registre des inscriptions.

On peut se demander quelle est l'utilité de cette formalité accessoire, qui paraît surabondante, le privilége étant déjà révélé par la transcription dé l'acte de vente qui porte la mention de la créance du vendeur. Elle est utile en ce qu'elle dégage cette mention des clauses peut-être fort étendues qui sont contenues dans l'acte transcrit, et qu'elle permet ainsi aux tiers de s'assurer de l'existence du privilége sans avoir à consulter un acte volumineux qui ne le met pas pleinement en lumière.

Au lieu de faire transcrire la vente, le vendeur pourrait simplement prendre une inscription directe pour conserver son privilége ; c'est là une faculté de droit commun qui ne lui est pas retirée par l'art. 2108 (Rennes, 21 août 1811, Dal. *Rép.*, v^{is} *Priv. et hyp.*, n° 653). Cependant, dans le système qui suspend jusqu'à la transcription la mutation de propriété à l'égard de tous les tiers, on refuse au vendeur cette faculté, parce que le privilége n'a pas raison d'être tant que la vente n'est pas transcrite, le vendeur étant encore propriétaire au regard des tiers, et que d'ailleurs on ne prend pas inscription sur soi-même (M. Pont, n° 263). Mais nous avons rejeté la doctrine du non-dessaisissement du vendeur à l'égard des tiers en général jusqu'à la transcription, comme contraire au texte de la loi de 1855. La conséquence qu'on en tire n'est d'ailleurs nullement nécessaire, car une hypothèque ou un privilége peut être inscrit même avant sa naissance; ainsi l'hypothèque peut être inscrite avant que le prêt ne soit effectué.

La loi de 1855 (art. 6) ne parle que de l'inscription directe pour la conservation du privilége du vendeur.

Mais il ne faut pas en conclure qu'elle ait entendu retirer à celui-ci la faculté de conserver son droit par la transcription de la vente : dans l'article 6, elle se place dans l'hypothèse d'une vente qui n'a pas encore été transcrite, hypothèse dans laquelle le privilége est exposé à périr faute d'une publication antérieure à la transcription d'une revente. L'article 2108 du Code civil n'est abrogé ni explicitement ni implicitement.

La vente, pouvant être faite par acte sous seing privé, peut être transcrite sur un acte de cette nature (Avis du Conseil d'Etat, du 3 floréal an XIII). La transcription ainsi faite conserve le privilége du vendeur, qui doit être inscrit d'office par le conservateur comme si la transcription avait été faite sur un acte authentique. Il est donc rationnel de dire que l'inscription directe du privilége peut être prise également ment sur un acte sous signature privée.

Le privilége du vendeur n'est pas conservé par la transcription de ventes subséquentes ; bien loin de là, la transcription d'une revente en empêche la publication et le fait périr s'il n'a pas été publié antérieurement. Il en serait ainsi, même si la transcription de la revente faisait mention du privilége du premier vendeur ; cette mention serait inutile et n'obligerait pas le conservateur à prendre une inscription d'office de ce privilége (Rouen, 30 mai 1840, Dal., 40, 2, 197 ; contrà. Bruxelles, 3 juill. 1817, Dal., 17, 2, 420).

L'inscription du privilége du vendeur est-elle soumise au renouvellement décennal prescrit par l'article 2154 pour les inscriptions de priviléges et d'hypothèques ? Certainement, car ce texte est général, Mais

quelle est la personne chargée de faire le renouvellement ? Un Avis du Conseil d'Etat, du 22 janvier 1808,
est ainsi conçu: « 4° Enfin, lorsque l'inscription a dû
être faite d'office par le conservateur, elle doit être
renouvelée par le créancier qui a intérêt. » Ainsi ce
n'est pas au conservateur qu'incombe cette tâche ; il
ne peut savoir en effet, au bout de dix ans, si le
payement du prix n'a pas été effectué ; il serait sur-
chargé s'il avait à vérifier sous sa responsabilité les
registres des inscriptions qui remontent à dix années
pour renouveler celles qu'il a prises d'office pour le
compte des vendeurs dont les titres ont été transcrits.
C'est le vendeur lui-même (ou les créanciers qui lui
sont subrogés) qui doit veiller au renouvellement de
l'inscription d'office. Mais quelle est pour lui la sanction attachée à cette prescription de l'Avis de 1808 ?
C'est sur cette question que l'on est divisé.

Suivant certains auteurs, le vendeur qui n'a pas
renouvelé dans les dix ans l'inscription prise d'office
par le conservateur ne subirait aucune déchéance. La
transcription ayant été faite, le privilége est pleinement
conservé et ne peut périr pour défaut d'efficacité de
l'inscription. Si le conservateur n'avait pas fait l'inscription, le privilége n'en serait pas moins opposable
aux tiers; or, lorsque l'inscription est périmée, la
situation du vendeur doit être la même que si elle
n'avait jamais été prise. Quant à la transcription, elle
n'est pas soumise au renouvellement, pas plus comme
mode de publicité du privilége que comme mode de
publicité de la mutation de propriété. Il en résulte que
le vendeur n'est jamais exposé à perdre son privilége
pour défaut de renouvellement de la notification

qui en a été faite au public. Il doit, il est vrai, veiller à ce que l'inscription d'office soit renouvelée : mais, s'il ne s'est pas conformé à la disposition de l'Avis de 1808, il ne subit aucune déchéance ; il est seulement exposé à un recours en dommages-intérêts de la part des tiers qui ont été trompés par l'absence de toute inscription du privilége sur les registres qu'ils avaient à consulter. (Mourlon, *De la transcription*, t. II, n°s 691 et s.; M. Pont, n° 274; Flandin, *De la transcription*, t. II, n°s 1104 et s.)

Ce système me paraît en opposition avec l'avis du Conseil d'Etat du 22 janvier 1808 qui, interprétant l'article 2154 C. civ., a reconnu que ce texte était applicable à l'inscription de privilége du vendeur faite d'office par le conservateur, et qui a imposé au créancier intéressé l'obligation de renouveler cette inscription dans les dix ans. Quelle peut être la sanction de cette disposition, si ce n'est celle que contient l'article 2154, d'après lequel l'effet des inscriptions cesse si elles n'ont pas été renouvelées dans les dix ans ? L'inscription d'office n'a donc plus aucun effet après l'expiration de ce délai. Quant à la transcription, elle a également perdu son effet conservatoire du privilége. Elle vaut inscription pour le vendeur (art. 2108), mais ne peut valoir plus ; au bout de dix ans, elle ne conserve plus le privilége sans inscription, pas plus qu'une inscription directe ne le conserverait, passé ce délai, sans une nouvelle inscription. Qu'on ne dise pas que la loi, dans l'article 2108, se borne à comparer ces deux formalités au point de vue de l'effet commun qu'elles produisent, mais qu'elle ne les assimile pas au point de vue de la durée de leur effet conservatoire.

Si l'une produisait effet indéfiniment et l'autre pendant dix ans seulement, on ne pourrait plus dire qu'elles ont un effet commun. Ce n'est pas, il est vrai, la transcription qui est soumise au renouvellement, c'est l'inscription d'office ; mais il n'en est pas moins vrai que la transcription ne pourrait conserver par elle-même le privilége pendant plus de dix ans sans valoir plus qu'une inscription.

Le vendeur qui n'a pas renouvelé l'inscription d'office dans les dix ans se trouve donc, à mon avis, dans la même situation que si aucune inscription n'avait été prise, la transcription n'ayant pas été faite (sauf qu'il ne peut pas publier son privilége par une nouvelle transcription). Or, dans cette hypothèse, il pourrait à toute époque, en prenant une inscription, assurer la conservation de son privilége, pourvu que le cours des inscriptions du chef de son débiteur ne fût pas arrêté. Il peut donc encore, quand l'inscription d'office est périmée, prendre une nouvelle inscription, à moins qu'une sous-aliénation de l'immeuble n'ait été transcrite, ou que l'acheteur ne soit tombé en faillite, ou qu'il ne soit mort et que sa succession n'ait été acceptée sous bénéfice d'inventaire. En dehors de ces circonstances, la nouvelle inscription conserve pleinement au vendeur son privilége (Toulouse, 7 janvier 1846, Dal., 54, 5, 604 ; Cass., 2 déc. 1863, Sir., 64, 1, 57 ; Poitiers, 18 juill. 1864, Sir, 64, 2, 182 — Troplong, *Priv.*, nos 286 *bis* et s.).

Section III. — **Des événements qui enlèvent au vendeur la faculté de s'inscrire**

Dans le système que j'ai suivi, le privilége est perdu si l'inscription directe ou la transcription de la vente n'a pas été faite avant l'époque où l'acheteur s'est dessaisi *erga omnes* de la propriété de l'immeuble. Sous la loi de brumaire, le vendeur peut s'inscrire jusqu'à la transcription d'une sous-aliénation ; sous l'empire du Code civil, jusqu'à la sous-aliénation ; après la mise à exécution du Code de procédure, jusqu'à l'expiration de la quinzaine à partir de la transcription de l'acte de revente ; et depuis la loi de 1855, jusqu'à la transcription de cet acte (1). Cependant il peut s'inscrire même après cette transcription, s'il est encore dans les quarante-cinq jours de la vente. Jusqu'à l'expiration de ce délai, la purge est donc entravée, puisque la transcription de l'acte de revente n'empêche pas le premier vendeur de s'inscrire.

On a soutenu que le délai de quarante-cinq jours accordé au vendeur pour l'inscription de son privilége dans le cas où il y a eu transcription d'un acte de sous-aliénation était encore, en dehors de cette hypothèse, un délai fatal, passé lequel le privilége non inscrit dégénérait en simple hypothèque comme le privilége des copartageants qui n'a pas été inscrit dans les

(1) Quand l'acheteur est exproprié pour cause d'utilité publique, le vendeur a la faculté d'inscrire son privilége jusqu'à l'expiration de la quinzaine qui suit la transcription du jugement d'expropriation, à l'effet de conserver son droit de préférence (art. 17 de la loi du 3 mai 1841).

soixante jours de l'acte de partage (art. 2113 C. civ.).
On s'est fondé sur ce que le délai de quarante-cinq
jours courait, non pas à partir de la transcription de
l'acte de revente, mais à partir de la première vente
(art. 6 *in fine* de la loi de 1855); s'il en est ainsi, a-
t-on dit, c'est que la disposition de ce texte ne s'applique pas seulement au cas où il y a eu transcription
d'une revente, car si le législateur avait entendu la
restreindre à cette hypothèse, il aurait fait courir le
délai du jour de cette transcription. (Comp. art. 834
C. pr.). En lui assignant pour point de départ le jour
de la vente, il a montré qu'il voulait imposer au
vendeur un délai pour l'inscription de son privilége
même en dehors de cette hypothèse, délai que l'on
peut assimiler à ceux auxquels sont soumis les copartageants, les créanciers et légataires qui ont demandé
la séparation des patrimoines, pour l'inscription de
leur droit de préférence sur tous les créanciers hypothécaires de leur débiteur. D'ailleurs on ne compren-
drait pas que le législateur eût voulu restreindre sa
décision au cas de transcription d'une revente; les
créanciers hypothécaires de l'acheteur inscrits depuis
que les quarante-cinq jours de la vente sont écoulés
méritent bien autant de faveur que les tiers acquéreurs; si le privilége du vendeur n'est pas opposable
à ces derniers quand il a été inscrit depuis la transcription de leurs titres, on ne voit pas pourquoi il le
serait aux créanciers dont les hypothèques ont été inscrites avant lui, depuis que le délai de l'article 6 est
expiré (Flandin, *De la transcription*, t. II, n° 1095).

Cette doctrine n'a pas prévalu, parce qu'elle ne tient
pas suffisamment compte des termes de l'article 6 de

la loi de 1855 : « A partir de la transcription, les créanciers privilégiés et hypothécaires ne peuvent prendre
utilement inscription sur le précédent propriétaire ;
néanmoins, le vendeur peut encore inscrire son privilége dans les quarante-cinq jours de l'acte de vente
nonobstant toute transcription d'actes faits dans ce
délai ». En jetant les yeux sur ce texte, on voit immédiatement qu'il accorde une faveur spéciale au vendeur
et qu'il lui donne un délai pour s'inscrire malgré la
transcription d'une revente, alors que cette transcription arrête le cours des inscriptions pour tous les autres
créanciers (sauf pour le copartageant, qui jouit de la
même prérogative que le vendeur). Tant que quarante-
cinq jours ne sont pas écoulés depuis la vente, le vendeur n'a pas à craindre qu'une transcription de revente vienne l'empêcher d'inscrire son privilége ; c'est
là ce que dit clairement le texte, et c'est la seule
chose qu'il exprime. On veut retourner contre le vendeur une disposition qui est toute de faveur pour lui ;
on veut que le délai de quarante-cinq jours soit un
délai fatal passé lequel le vendeur ne puisse plus
s'inscrire que comme créancier hypothécaire, quand il
n'y a pas eu transcription d'une revente ; mais il est
de toute évidence que le texte ne s'occupe que du cas
où cette transcription a eu lieu : en dehors de cette
hypothèse, le privilége est régi par les dispositions du
Code civil, qui n'imposent aucun délai au vendeur
pour son inscription comme créancier privilégié : il
serait à souhaiter, dans l'intérêt du crédit public, pour
que le sort des créanciers hypothécaires inscrits sur
l'immeuble ne restât pas trop longtemps en suspens,
que le législateur fixât un délai au vendeur pour l'in-

scription de son privilége, comme il en a fixé aux autres créanciers dont les priviléges immobiliers sont
soumis à une inscription ; mais on ne peut pas dire
que le législateur de 1855 ait introduit cette innovation.

De ce que le délai de quarante-cinq jours prend son
point de départ à la date de la première vente, et non
à celle de la transcription de la revente, il ne résulte
pas, à mon avis, que ce délai soit imposé au vendeur
même dans le cas où il n'y a pas eu de revente transcrite ; on doit en conclure seulement que le législateur
n'a pas considéré la transcription de la revente comme
une mise en demeure pour le vendeur de prendre inscription ou de faire transcrire la vente. S'il a fixé le
point de départ du délai au jour de la vente, c'est qu'il
n'a pas voulu que le vendeur soit exposé à perdre son
privilége par la transcription soudaine d'une revente
consentie quelques jours, quelques heures après la première vente, et soit contraint de pourvoir immédiatement après la conclusion du contrat à la conservation de
son droit dans la crainte d'une surprise. C'est là l'intention du législateur de 1855, qui nous est amplement
révélée par le rapport de M. de Belleyme au Corps
législatif (Troplong, *Comment de la loi de* 1855, Append·
p. 43 et s.) Mais rien, ni dans les travaux préparatoires,
ni dans la loi elle-même, ne nous indique que le vendeur soit tenu de prendre inscription dans ce délai
quand il n'y a pas eu transcription d'une revente.

Le vendeur perd encore son privilége quand il ne
l'a pas inscrit ou quand la vente n'a pas été transcrite avant le jugement déclaratif de la faillite de
l'acheteur. L'article 443 de l'ancien titre des faillites

au Code de commerce portait que nul ne peut acquérir privilége ni hypothèque sur les biens du failli, dans les dix jours qui précèdent l'ouverture de la faillite. Se référant à ce texte, l'article 2146 du Code civil dispose que les inscriptions de priviléges et hypothèques ne produisent aucun effet, si elles sont prises dans le délai pendant lequel les actes faits avant l'ouverture des faillites sont déclarés nuls. Il résulte de la combinaison de ces deux textes que le privilége du vendeur était éteint s'il n'avait pas été publié au plus tard le onzième jour avant l'ouverture de la faillite de l'acheteur. La loi du 28 mai 1838, qui a remplacé le titre des faillites du Code de 1807, est venue modifier ces dispositions. D'après l'article 448 C. co., les droits d'hypothèque et de privilége valablement acquis peuvent être inscrits jusqu'au jour du jugement déclaratif de la faillite. Aujourd'hui, c'est donc ce jugement qui arrête le cours des inscriptions; les expressions de l'article 2146 C. civ., qui se référaient à l'ancien texte, ne sont plus exactes. Mais on peut dire encore que le législateur a constamment appliqué aux inscriptions de priviléges les dispositions relatives à la détermination de l'époque à partir de laquelle les inscriptions ne peuvent plus être prises sur les immeubles d'un failli. Le vendeur est donc déchu de son droit s'il ne l'a pas publié avant la déclaration de faillite de l'acheteur (Req., 16 juill. 1818, Dal., *Rép.*, v^{is} *Priv. et hyp.*, n° 1410; jug. du tribunal de Bar-le-Duc, 17 mars 1859, Sir., 59, 2, 594; Cass., 2 décembre 1863, Sir., 64, 1, 57. — Mourlon, *De la transcr.*, t. II, n° 643; Flandin, *De la transcr.*, t. II, n°s 1177 à 1180; MM. Aubry et Rau, t. III,

§ 278, note 8; Rivière, *Rev. crit.*, t. XV, p. 433 et suiv.).

Tel est le système généralement suivi. Il a été combattu — et il devait l'être — par les partisans du système du non-dessaisissement du vendeur à l'égard des tiers en général jusqu'à la transcription. Tant que la vente n'est pas transcrite, dit-on, il ne peut être question de privilége, puisque le vendeur est encore propriétaire vis-à-vis des tiers ; à vrai dire, il n'en a pas besoin, car il trouve dans son droit de propriété la sûreté qui lui serait offerte par le privilége. Le vendeur ne doit donc rien avoir à redouter des effets de la déclaration de faillite de l'acheteur ; s'il n'a pas fait transcrire l'acte de vente avant le jugement déclaratif, il peut toujours, soit reprendre sa chose en vertu de son droit de propriété retenu à l'égard des tiers, et par conséquent au regard des créanciers de l'acheteur ; soit faire transcrire le contrat et exercer son privilége que la transcription a conservé en même temps qu'elle l'a fait naître en dessaisissant le vendeur de la propriété vis-à-vis des tiers.

On ajoute subsidiairement que les articles 2146 C. civ. et 448 C. co. ne sont pas applicables au privilége du vendeur, qui se conserve par la transcription de l'acte de vente et non par une inscription. Ces textes ne visent que les inscriptions ; leurs dispositions, étant prohibitives, doivent être interprétées restrictivement et ne peuvent être étendues aux créanciers dont le privilége se conserve au moyen d'une autre formalité.

Enfin on invoque l'équité et l'on dit qu'il ne serait pas juste que le vendeur, qui s'est dépouillé de son bien pour recevoir un équivalent pécuniaire, soit, par suite d'une circonstance fortuite, privé à la fois de la chose et du prix en totalité ou en partie (M. Pont, *Priv.*, n°ˢ 902 et 903; *Rev. crit.*, t. XVI, p. 296 et s.).

J'ai déjà essayé de démontrer que le vendeur était, par le seul effet de la convention, dessaisi de la propriété au regard de toute autre personne que de ses ayants-cause, et que le privilége, étant né au moment de la vente, était exposé à périr, comme les autres droits hypothécaires, faute d'une inscription prise en temps utile ; je n'ai donc pas à y revenir. On dit que le privilége du vendeur, se conservant par la transcription de la vente, ne doit pas être soumis à la cause de déchéance établie par les articles 2146 C. civ. et 448 C. co., qui se rapportent seulement aux privi·léges et hypothèques assujettis à la formalité de l'inscription. C'est s'attacher trop littéralement au texte de la loi, qui parle seulement de l'inscription, par la raison fort simple que c'est là le mode ordinaire de publicité des droits hypothécaires. La transcription, pour le vendeur, peut remplacer l'inscription ; elle *vaut inscription*, dit l'article 2108. Si elle avait la vertu de conserver le privilége même en étant faite après la déclaration de faillite de l'acheteur, elle vaudrait davantage. Pourquoi se refuser à assimiler en tous points la transcription à l'inscription relative·ment à la conservation du privilége, quand la loi les assimile elle-même l'une à l'autre et leur fait produire un effet commun ? Le législateur a permis au vendeur de remplacer l'inscription par la transcription de la vente ; mais il n'a pas entendu lui accorder ainsi des prérogatives dont ne jouissent pas les autres créan-

ciers. S'il a attaché à la transcription un effet conservatoire du privilége, c'est qu'il a jugé avec raison
que ce droit, étant révélé par ce moyen, n'avait
pas besoin d'être en outre publié par une inscription
mise à la charge du vendeur ; mais ce n'est pas qu'il
ait voulu affranchir celui-ci de la nécessité de se con-
former aux autres dispositions de la loi relatives à la
conservation des priviléges. Pourquoi, en posant la
règle contenue dans les articles 2146 C. civ. et 448 C.
co., aurait-il fait exception pour le plus important et
le plus fréquent des priviléges ? On n'en voit aucune
bonne raison.

L'équité, dit-on, serait blessée si le vendeur était
privé de la chose et du prix pour une cause indépendante de sa volonté. Mais n'en est-il pas de même
pour beaucoup d'autres créanciers, qui ont mis une
valeur dans le patrimoine du failli, et qui ne peuvent
recouvrer le montant intégral de leurs créances parce
qu'ils ne se sont pas inscrits en temps utile? Les copartageants, qui ont fait à celui qui est devenu leur
débiteur par suite du partage une sorte de cession de
leurs droits sur les biens tombés dans son lot, les ouvriers, qui ont procuré une plus-value à l'immeuble de
leur débiteur, les prêteurs de fonds sur hypothèques,
qui ont fourni des deniers au failli, ne sont pas moins
à plaindre que le vendeur quand ils ne se sont pas mis
en règle avant le terme fatal qui arrête le cours des
inscriptions. Nul ne songe cependant à contester l'application à leur égard des dispositions, bonnes ou
mauvaises, de la loi en cette matière. Ne rencontre-t-
on pas d'autres hypothèses dans lesquelles le vendeur
est dépouillé de son privilége par une circonstance

fortuite? Quand un tiers acquéreur a fait transcrire son titre alors que le droit du premier vendeur n'était pas publié, ce dernier perd sa garantie de payement tout en restant privé de la chose qu'il a aliénée. Dans ces circonstances, si le vendeur est dépouillé de son privilége, c'est qu'il s'est montré négligent; il n'est pas injuste qu'il en subisse les conséquences.

Il est cependant parfois regrettable que le jugement déclaratif de faillite entraîne la perte du privilége non publié du vendeur : c'est quand il y a des créanciers hypothécaires inscrits sur l'immeuble pour des créances qui en absorbent la valeur. Dans cette hypothèse, la masse des créanciers chirographaires n'a aucun intérêt à la déchéance du vendeur ; seuls, les créanciers hypothécaires en profitent. Ce n'est pas là le vœu ni le but de la loi ; néanmoins cette considération particulière ne peut prévaloir sur les textes précis qui donnent au jugement déclaratif l'effet d'arrêter le cours des inscriptions de priviléges.

Le délai de quarante-cinq jours pendant lequel le vendeur peut valablement inscrire son privilége malgré la transcription d'une revente ne doit pas, à mon avis, lui être donné en cas de faillite de l'acheteur ; l'article 6 de la loi de 1855 ne le lui accorde que dans l'hypothèse d'une transcription de revente, et ne peut être étendu au delà.

Quand l'immeuble est sorti du patrimoine de l'acheteur, la faillite de celui-ci ne fait pas obstacle à l'inscription du privilége, qui peut être prise si le sous acquéreur n'a pas fait transcrire son titre ; la loi n'annule que les inscriptions prises sur les immeubles d'un failli. D'un autre côté, si l'acheteur n'avait pas été mis en faillite et que le tiers acquéreur y fût tombé, le premier vendeur n'aurait pas non plus perdu la faculté d'inscrire son privilége sur l'immeuble appartenant au failli (pourvu que la transcription de la revente n'eût pas été faite); il n'est pas en effet créancier de ce dernier, et ne veut pas s'assurer un droit de préférence au préjudice de la masse.

D'après l'article 448, 2me al., du Code de commerce, les inscriptions prises après l'époque de la cessation de payements, ou dans les dix jours qui précèdent, peuvent être déclarées nùlles, s'il s'est écoulé plus de quinze jours entre la date de l'acte constitutif de l'hypothèque ou du privilége et celle de l'inscription. Je pense que cette disposition, à raison de sa généralité, est appliquable au privilége du vendeur, et que l'inscription qui en est prise plus de quinze jours après la vente peut être déclarée nulle par le tribunal. Le législateur a voulu empêcher qu'un créancier, par collusion avec son débiteur, ne tînt trop longtemps clandestin son droit de préférence alors que celui-ci est déjà dans de mauvaise affaires, et ne le laissât ainsi jouir d'un crédit dangereux pour les tiers. Or ce danger existe à l'égard du privilége tenu secret par le vendeur aussi bien qu'à l'égard de toute autre cause de préférence. La justice doit pouvoir annuler l'inscription prise à une époque éloignée de celle de la vente, s'il lui paraît que le vendeur s'est entendu avec l'acheteur pour tromper les tiers en ne révélant pas son privilége.

J'arrive enfin au troisième événement qui peut empêcher le vendeur de s'inscrire utilement sur l'immeuble vendu : c'est la mort de son débiteur, si la succession de celui-ci est acceptée sous bénéfice d'inventaire (art. 2146, 2e al.). Les auteurs qui prétendent que le vendeur dont le privilége n'a pas été publié avant la déclaration de faillite de l'acheteur n'est pas déchu de son droit soutiennent également, pour les mêmes motifs, que l'ouverture de la succession de l'acheteur acceptée sous bénéfice d'inventaire ne fait pas périr le privilége non publié antérieurement. Je me borne à renvoyer aux développements et à la réfutation de cette doctrine que j'ai présentés plus haut.

Il faut, je pense, assimiler à une succession acceptée bénéficiairement une succession vacante, et dire que le vendeur perd son privilége s'il ne l'a pas publié avant la mort de l'acheteur, quand celui-ci laisse une succession vacante ; les deux hypothèses ont trop d'analogie l'une avec l'autre, au point de vue qui nous occupe, pour ne pas comporter des solutions identiques.

Nous savons comment se conserve le privilége; nous avons vu quelles sont les règles auxquelles il est soumis en matière de publicité. Ses effets, nous les connaissons : nous savons qu'il donne un droit de préférence et un droit de suite, qui doivent être exercés par le vendeur de la même manière que par les autres créanciers hypothécaires et privilégiés. Ses modes d'extinction sont les mêmes que ceux des hypothèques et des autres priviléges immobiliers. Ayant recherché quels sont les caractères généraux du privilége et comment il se conserve, nous avons étudié tout ce qui est relatif au privilége du vendeur d'immeubles en particulier, et nous avons atteint les limites de ce travail, qui ne doit rouler que sur les questions spéciales à ce privilége.

POSITIONS

DROIT ROMAIN.

1. L'acheteur à qui la tradition a été faite sous la condition tacite du payement du prix n'a pas la possession jusqu'à ce payement ; simple détenteur, il ne peut usucaper et n'a pas les interdits : il n'est que l'instrument de la possession du vendeur.

2. Le vendeur qui, dans ces circonstances, a les interdits contre les tiers, ne les a pas contre l'acheteur, et ne peut lui demander par cette voie la restitution de la chose vendue et livrée.

3. Le vendeur n'a pas de *privilegium inter personales actiones*.

4. La *lex commissoria* peut soumettre la vente à la condition suspensive du payement du prix.

5. A l'époque classique, la condition résolutoire qui affectait la convention n'affectait pas la translation de propriété faite en exécution de cette convention. Cependant quelques jurisconsultes admettaient déjà que dans certaines hypothèses la propriété revenait de plein droit à l'aliénateur quand la condition résolutoire s'accomplissait. Ce système a été consacré et généralisé par Justinien.

6. Le retour *ipso jure* de la propriété au vendeur, à

l'arrivée de la condition résolutoire contenue dans la *lex commissoria*, ne s'opère pas rétroactivement.

DROIT FRANÇAIS.

1. Le privilége du vendeur appartient à la femme pour le payement de la somme à laquelle a été fixée l'estimation de l'immeuble constitué en dot avec déclaration que l'estimation en transporterait la propriété au mari.

2. Le vendeur est créancier privilégié pour *tous* les intérêts du prix comme pour le capital.

3. Son privilége s'étend aux améliorations de l'immeuble survenues depuis la vente.

4. Par l'effet de la vente, le vendeur cesse d'être propriétaire à l'égard de toutes personnes autres que ses ayants-cause (loi du 11 brumaire an VII et loi du 23 mars 1855).

5. Son privilége est un droit acquis et non un droit retenu.

6. Sous l'empire de la loi de brumaire, de l'article 834 du Code de procédure et de la loi de 1855, un acquéreur ne devient propriétaire *erga omnes* que par la transcription des titres des précédents propriétaires.

7. Le vendeur doit renouveler tous les dix ans l'inscription de son privilége ; mais s'il l'a laissé périmer, il a toujours la faculté d'en prendre une nouvelle qui lui conserve son privilége, pourvu que le cours des inscriptions à prendre du chef de l'acheteur ne soit pas arrêté.

8. Le privilége du vendeur est perdu s'il n'a pas été

inscrit ou si la vente n'a pas été transcrite avant le jugement déclaratif de la faillite de l'acheteur.

DROIT INTERNATIONAL.

1. Un individu poursuivi qui s'est réfugié sur un navire de guerre français dans un port étranger ne peut être remis aux agents de l'autorité locale, s'il n'a pas été fait une demande d'extradition par voie diplomatique.

2. L'Etat requis doit refuser l'extradition quand la prescription s'est accomplie, soit d'après la loi de l'Etat requérant, soit d'après sa propre loi.

3. Un État non esclavagiste ne doit pas livrer à un État esclavagiste un esclave, même coupable de crimes de droit commun.

DROIT CRIMINEL.

1. Les lois sur les prescriptions en matière pénale sont toujours rétroactives.

2. L'aggravation de peine que motive la situation personnelle de l'auteur principal ne s'étend pas aux complices.

DROIT COMMERCIAL.

1. Le vendeur qui n'a pas publié son privilége avant le jugement déclaratif de la faillite de l'acheteur peut encore exercer l'action résolutoire, à moins que l'hypothèque de la masse des créanciers n'ait été inscrite sur l'immeuble vendu.

2. Un créancier hypothécaire ou privilégié qui ne

vient pas en ordre utile sur l'immeuble pour la totalité de sa créance, capital et intérêts échus depuis le jugement déclaratif de faillite, ne peut imputer ce qu'il reçoit du prix de l'immeuble d'abord sur ces intérêts, de façon à venir dans la masse chirographaire pour la portion de capital qui lui reste due.

Vu par le Président :
F. RATAUD.

Le Doyen :
G. COLMET-DAAGE.

Vu et permis d'imprimer,
Le Vice-Recteur de l'Académie de Paris :
A. MOURIER.

TABLE DES MATIÈRES

DROIT ROMAIN

DROIT FRANÇAIS

Paris. — Imprimerie de E. Donnaud, rue Cassette, 9.

www.ingramcontent.com/pod-product-compliance
Ingram Content Group UK Ltd.
Pitfield, Milton Keynes, MK11 3LW, UK
UKHW020153130726
13696UKWH00002B/491